陕西省社科基金一般项目：城市景观建设与促进全民健身研究（项目编号 13P75）
陕西省社科界 2016 年度重大理论与现实问题研究项目：新型城镇化进程中社区景观体育促进全民健身研究（项目编号 2016Z073）
陕西省社科界 2019 年度重大理论与现实问题研究项目：健康中国背景下城市居民住宅区生态环境对小区居民健身需求影响研究（项目编号 2019C092）

城市健身环境与居民体育活动的研究

张 健 著

北京体育大学出版社

策划编辑：王泓滢
责任编辑：王泓滢
责任校对：张志富
版式设计：久书鑫

图书在版编目（CIP）数据

城市健身环境与居民体育活动的研究 / 张健著. --北京 : 北京体育大学出版社, 2023.10
ISBN 978-7-5644-3902-6

Ⅰ. ①城… Ⅱ. ①张… Ⅲ. ①城市－群众体育－体育活动－研究－中国 Ⅳ. ①G812.4

中国国家版本馆 CIP 数据核字(2023)第 185077 号

城市健身环境与居民体育活动的研究　　张　健　著
CHENGSHI JIANSHEN HUANJING YU JUMIN TIYU HUODONG DE YANJIU

出版发行：北京体育大学出版社
地　　址：北京市海淀区农大南路 1 号院 2 号楼 2 层办公 B-212
邮　　编：100084
网　　址：http://cbs.bsu.edu.cn
发 行 部：010-62989320
邮 购 部：北京体育大学出版社读者服务部 010-62989432
印　　刷：三河市龙大印装有限公司
开　　本：710mm×1000mm　1/16
成品尺寸：170mm×240mm
印　　张：12
字　　数：166 千字
版　　次：2023 年 10 月第 1 版
印　　次：2023 年 10 月第 1 次印刷
定　　价：60.00 元

前言

随着全民健身和健康中国建设上升为国家战略，我国居民的健身需求不断高涨，但阻碍当前城市大众体育发展的主要矛盾是人民日益增长的健身需求与健身环境资源发展不平衡、不充分之间的矛盾。不忘初心，始终把人民群众的体育需求作为全部工作的根本落脚点，是发展以人民为中心的体育的核心和关键。因此，满足广大人民群众对体育融入美好生活的需求，要从群众身边的每一块健身场地上下工夫，让体育发展的成果切实惠及更广泛的人群。城市健身环境资源是居民健身需求增长的基础保障，为了满足这一需求，中央及地方各级政府在城市发展中加强了城市健身环境资源建设。然而，城市健身环境资源建设达到了什么程度、应该达到什么程度、是否与居民体育活动需求相协调等问题却不得而知。在城镇化进程中如何实现“创新、协调、绿色、开放、共享”的新发展理念，即创造出一个满足人民美好生活需求的城市健身环境也是城市发展的重要课题。

学术要融入现实生活，科研要着眼于解决实际问题。本书通过城市健身环境对居民体育活动影响的研究，一方面有助于推动全民健身工程的健康、科学、可持续发展，提升城市生态环境的体育功能与价值；另一方面能够提升居民的体育健身认知，对于城市体育文化的构建、和谐社会的创建和城市精神文明建设具有重要意义。

本书共分七个章节。第一章，基于城市发展与居民健康的矛盾和问题、全民健身蓬勃发展对城市建设的内在需求以及城市生态环境中体育发展的良好态势等研究背景提出了全书的写作思路。第二章，详细梳理了城市健身环境与居民体育活动相关研究进展，并从城市与体育的相互作用理论、居民健身需求与城市健身环境资源供需理论、基于期望理论和需要层次理论以及可持续发展的生态城市和居民健身活动生态化理论等方面提出本书的理论基础。第三章、第四章、第五章，从城市景观环境、城市社区景观健身环境以及城市住宅区健身环境三个维度论述了其对居民体育活动的影响，这些居民身边的体育健身环境对居民的健身意识、健身行为以及健身习惯的形成和持续性具有一定影响，值得体育界全面、系统地审视和思考，寻找城市体育新的研究方向，这三个章节也是本书的重点。第六章、第七章，面对全民健身的新趋势和新特点，在研判全民健身客观实际的基础上，总结全民健身计划实施十多年来的成果及不足，提出城市健身环境资源开发的原则、路径及模式，通过分析城市健身环境建设的优秀典型案例，对我国城市健身环境设计的发展趋势进行分析。

为了较好地研究城市景观环境、城市社区景观健身环境、城市住宅区健身环境在全民健身中的作用与影响，本研究历时 7 年（2013—2020 年）。因此，书中的部分公共信息及调研统计数据也选取自该时间段甚至更早。城市健身环境的规划和建设本就处于不断发展和创新的过程中，笔者也仍在城市健身环境与居民体育活动这一研究方向继续思考和探索，相信在日后能够呈现新的成果。

在编写本书的过程中，笔者借鉴和参考了国内外有关专家、学者关于城市发展、生态环境以及全民健身的研究成果，在此一并表示感谢。由于笔者水平有限，本书若有不足之处，敬请读者批评指正。

张　健

2023 年 1 月

目录

第一章 绪论

城市是人类政治、经济、文化的聚集中心，也是体育的主要创新之地。城市在经济上更发达，在管理上更严密，在文化上更多元，在科技上更容易出成果，因此，在影响人类生活的方向、原则、趋势方面，城市更具有发言权。改革开放以来的实践充分证明，我国城市发展迅速，城镇化进程明显加快。中国社会科学院 2009 年发布的《中国城市发展报告 No.2》显示，截至 2008 年末，中国城镇化率达到 45.7%；而由中国发展研究基金会发布的《中国发展报告 2010：促进人的发展的中国新型城市化战略》指出，到 2030 年我国城市化率将达到 65%。

近几年，随着全民健身和健康中国上升为国家战略，我国居民的健身需求高涨，而城市居民健身环境是居民日常进行体育活动，增进身体健康的基础保障。为了满足这一需求，中央及地方各级政府在城市规划和建设方面加大了城市环境在生态化和功能化方面的优化改善与智能提高力度，尤其是创造生态美好、环境宜人的城市健身环境成为城市可持续发展的重要一环。

党的十九大报告提出：加快生态文明体制改革，建设美丽中国；实施健康中国战略，完善国民健康政策，为人民群众提供全方位全周期健康服务。我国社会主要矛盾已经转化为人民日益增长的美好生活需要和不平衡不充分的发展之间的矛盾。“美丽中国”与健康中国作为习近平新时代中国特色社会主义思想的重要内容，将长期指导城市建设与全民健身计划的实施。因此，全民健身与全民健康的深度融合有了新的发展要求，城市生态环境、城市全民健身工程的建设成为重要着力点，即将体育的生态价值与城市环境规划、全民健身工程设计相融合，在有效化解当前城市居民体育参与和体育场地设施供需矛盾的同时，使城市环境建设更具特色，突出生态为本、民生为本的理念。

本书中的城市健身环境与居民体育活动主要是城市健身环境与居民体育活动相互联系、相互制约、相互作用的各种因素的总和，是与居民体育活动质量密切相关的概念，包括城市景观环境与居民体育活动、城市社区景观健身环境与居民体育活动、城市住宅区健身环境与居民体育活动三个部分。

第一节　研究背景

党的十八大报告提出大力推进生态文明建设。把生态文明建设放在突出地位，融入经济建设、政治建设、文化建设、社会建设各方面全过程，努力建设美丽中国，实现中华民族永续发展。城市生态环境的建设就是在落实党的政策要求，实现美丽中国的伟大蓝图。城市环境与经济协调发展是可持续发展的核心内容。目前，我国已经进入生态文明建设的新时期、新阶段，有效处理生态环境与经济发展的关系是实现可持续发展的重要途径。尤其是党的十八届五中全会提出的创新、协调、绿色、开放、共享的新发展理念，为全社会经济发展与环境保护工作提供了新思路、新视角。

目前，城市建设发展的客观需要与环境容量有限的矛盾日益突出，因此，在新时期研究如何提升城市生态环境效益，才能使环境产业结构更加优化、能源结构更加科学、结构性减排效果更加突出，使未来城市经济和社会发展具有更高环境资源承载力，具有十分重要的现实意义。因此，城市生态环境建设必须协调好人与自然、人与社会的辩证统一关系。

一、城市健身环境与居民体育活动研究问题的提出

城市环境是指影响城市人类活动的各种自然的和人工的外部条件的总和。广义的城市环境是指自然环境、社会环境、经济环境和生态环境的统一体。狭义的城市环境是指自然环境和社会环境综合作用下的人工环境，主要是指城市的物理环境，具有组成的复杂性、资源性与价值性、生态脆弱及密集性的特征。本文研究的是狭义的城市环境。自然环境包括各种自然因素，如大气、水资源、城市绿地等方面；社会环境包括交通、工业生产、居民居住状况等方面。因此，城市居民与城市环境的统一体，以及在这个统一体中进行物质能量流动的因素，即与城市居民相互作用的环境，被称为城市生态环境。对于生活在城市中的居民来说，城市的环境质量直接与生活质量相关。

体育是社会文化的一个重要组成部分，体育活动、体育实践的发生、运行和发展的过程与资源的互动无处不在。在人类的一切文化行为中，体育行为与绿色自然的联系最为紧密，体育环境决定着体育发展的项目、内容和规模。从体育的发展史可以看出，环境资源是各种体育现象赖以发生、存在的载体，能影响体育发展，并能在体育发展中产生一定的社会效应、经济效应。除了以天然形成的基本地理地貌为主要内容的体育自然资源外，作为体育活动开展基础的物质载体大多是通过人工建造形成的，如体育场地设施资源等。

本研究中的城市健身环境，特指城市生态环境，是指在城市中能够为

体育运动的开展服务或者能被体育运动所利用的一切自然环境和社会环境，包含城市森林、草地、水域或者人工改造的生态园区、绿色廊道、城市交通道路绿化、社区与住宅区体育资源以及其他能提供生态系统服务功能的环境系统。

全民健身、全民健康是实现健康中国的支撑，是人民追求幸福生活的基础。健康中国的内涵，不仅是确保人民身体健康，而且是包括全体人民健康身体、健康环境、健康经济、健康社会在内的四位一体“大健康”和服务于全体人民的全面健康，是服务于人的生命全周期、服务于健康全过程的全面健康。我们要发挥运动促进健康的独特优势，推动全民健身与全民健康深度融合，就要理念先行，实现从全民健身到全民健康的认识飞跃；深化改革，探索有利于全民健身与全民健康深度融合的体制机制；找准定位、精准发力，实施系列工程。

在2016年8月召开的全国卫生与健康大会上，习近平总书记全面阐述了推进健康中国建设的重大意义，重申没有全民健康就没有全面小康，强调要倡导健康文明的生活方式，树立大卫生、大健康的观念，把以治病为中心转变为以人民健康为中心，建立健全健康教育体系，提升全民健康素养，推动全民健身和全民健康深度融合。2014年9月，李克强总理主持召开国务院常务会议，部署加快发展体育产业，促进体育消费，推动大众健身，提出让各种体育资源“活”起来，适应群众多样化、个性化健身需求，积极支持社会力量兴办面向大众的体育健身场所设施，推动体育健身与医疗、文化等融合发展，让体育产业强健人民体魄，让大众健身消费助力经济社会发展。

中共中央、国务院于2016年印发了《“健康中国2030”规划纲要》，并对未来十五年的健康中国建设思路做了明确规划。健康中国是推进我国人力资本强国建设，全面建成小康社会的重要保障，也是实现“两个一百年”奋斗目标的必然要求，全民健身是健康中国建设的重要内容。实践证明，科学合理地进行体育健身活动，有利于提高居民身体素质，丰富其精神文化生活，促进其全面发展。当前，我国经济发展迅速，虽然人民生活水平大幅提高，但是国民体质下降、健康问题凸显，尤其是城市居民工作繁忙、生活压力大，以及缺乏健身活动的客观条件等，严重影响了广大群众的生活质量。

因此，笔者在深入走访的基础上，围绕城市居民健身需求的现状展开调查与分析，探讨满足我国城市居民体育健身活动需求的发展策略，力促全民健身和健康中国建设有机融合，提高居民的体质健康水平，推进健康中国建设。

二、城市健身环境建设与居民体育活动共同发展问题的研究思路

城市健身环境资源是居民健身需求增长的基础保障。但阻碍当前城市大众体育发展的主要矛盾是人民日益增长的体育健身需求与健身环境资源发展不平衡、不充分之间的矛盾。如何在城镇化发展进程中践行党的十八届五中全会提出的创新、协调、绿色、开放、共享的新发展理念，即创造出一个满足人民美好生活需求的城市生态环境，以及在城市生态环境建设过程中创造出满足居民体育活动需求的配套场地设施是城市发展建设的重要课题。实践证明，居民体育活动需求和健身环境具有显著且持续的互馈关系，居民体育活动需求是健身环境建设的内生动力，健身环境资源是居民体育活动需求增长的基础保障，二者存在阶段性动态相互作用，在满足一定条件时可以达到动态平衡。本研究围绕“发现价值—研究开发—综合利用”这一基本思路，探索居民健身需求与健身环境资源即生态环境资源建设的互馈机制。

（一）城市发展与居民健康的矛盾和问题

随着全球城市化进程的不断深入，人们在享受城市高度物质文明的同时，也开始面临越来越多的城市问题。以钢筋水泥为支撑的现代都市建筑

使人们越来越远离自然。对于奔忙在繁华都市的现代人来说，回归自然无疑能帮助他们减轻压力、舒缓身心，满足他们亲近自然的需求。同样不容忽视的是，由于现代社会生活节奏加快，工作压力大，加之日常缺乏锻炼，城市人的身体正日益变得脆弱，很多人开始对城市生活感到不适。有资料显示，比例高达70%的居民处于亚健康状态。亚健康状态是随着现代医学模式的不断进步，人们在突破传统健康理念后对自己身体状态的一种新的认识。“没有疾病”不再是定义健康的唯一标准，人们开始更多地注意生理、心理、社会等因素对健康的影响。世界卫生组织认为，健康不仅是没有疾病或病痛，而且是一种躯体上、精神上以及社会上的完全良好状态。一个健康的人必须具有在其所处的环境中进行有效的活动和工作的能力，并且能够与环境保持协调，所以完整的健康概念应是人们的生理、心理、社会适应和道德四个方面的良好和完满状态。也正是基于这种对健康理念的全新认识，人们逐渐认识到体育锻炼的重要性，追求健康的意愿开始由过去的被动接受向主动保护转变。通过体育锻炼，人们在预防疾病、增强体质的同时，也达到自身心理、社会适应等方面的健康状态。在这种思想的指导下，一股“健身热”“体育热”在现代社会中风行起来，参加体育锻炼、户外运动成为缓解压力、促进健康的有效手段。但是，目前城市居民户外体育活动场所相当紧缺。根据《中国群众体育发展报告（2018）》数据，截至2017年底，我国体育场地已超过195.7万个，人均体育场地面积达到1.66平方米，仅从数量上看已具有一定规模，但是相对于我国14亿人口而言，这种情况与美国、日本等发达国家平均每万人拥有200多个体育场地的状况还有一定差距，而且这些体育场所存在设施不足，开放性、公共性不够的问题，很多体育场地设施不能供居民日常健身使用。人均体育用地面积数量上的不足是目前我国居民健身难的主要原因。同时，我国很多城市的公共体育场地设施出现了人满为患的现象，这既造成了人们锻炼质量的下降，又影响了人们体育锻炼的积极性。在一些城市，人们要参加体育运动，往往需要提前很多天预订场地，这让原本自愿、随意性的体育锻炼变得更像是有目的地去完成一项任务，降低了体育锻炼最重要的趣味性；即便有了体育场地，其内部设施也可能存在因为使用过度变得陈旧的问题。同时，由于人多空间小，场地内部空气浑浊，降低了锻炼的效果。当今社会人们的生活节奏快，可用于体育锻炼的时间少，上述问题的出现无疑使更多人成为“健身逃兵”。

因此，在相对有限的城市用地中，如何挖掘潜力，使城市健身环境更具观赏性和实用性，整体优化城市健身环境中的生态环境系统功能，营造生态、景观、体育功能综合效益良好的绿色空间，将是我们要认真面对的一项艰巨任务。

（二）城市环境和体育的逐步融合

不难发现，学术界一直以来都有许多研究者关注和思考城市环境和体育的关系。在相关文献中，我们也会经常看到诸如景观体育、体育景观、生态城市、生态体育资源、体育生态环境、绿色住宅区、生态社区等热点概念。我们系统梳理这些热点概念及其在城市及群众体育发展中的作用，不难发现，学者们呈现出一脉相承的研究思路，即围绕“环境与健康”这一主题进行城市健身环境领域的自然环境和社会环境的探索和研究，发现问题并试图解决问题。

20 世纪 90 年代，学术界提出了“景观体育”的概念，此概念迅速在西方国家普及起来。北京 2008 年奥运会的成功举办在全国掀起体育运动热潮，景观体育也在我国悄然兴起，并呈现出快速发展趋势。随着城市的发展和人们需求认知的升级，景观体育的概念逐步被体育生态环境这个概念替换，即创造出优美而内涵充实的体育生态环境，以满足人们在绿色优雅的环境中运动的需求。从景观体育概念的提出到部分城市利用景观环境开展体育活动和体育赛事，并取得了一定的经济效益和社会效益，再到部分学者对景观体育提出疑问，景观体育在学术界一直停留在概念层面，却一度在城市体育发展中起到标志性的作用，例如，如今仍举办得如火如荼的城市马拉松，就因基于城市的景观环境而受到马拉松爱好者和体育人的喜爱。

生态城市也是一个在城市发展中衍生出来的概念，是建立在人类对人与自然关系更深刻认识的基础上的新的文化观，是一种高效、和谐、健康、可持续发展的人类聚居环境，目前是一种理想化的城市构建模式。生态城市是城市生态系统发展的方向和最终目标，是社会、经济、技术、文化和自然高度协同、和谐的复合生态系统，具有实现物质循环再生、能量充分利用、信息反馈调节、经济高效、社会和谐、人与自然和谐共生的机能，是实现可持续发展的新的生产和生活方式。

体育生态环境是在环境与体育共同发展的过程中产生的一个概念，即城市充分发挥自然绿地等体育资源在改善居民生活质量中的作用，对生态环境建设进行再认识，使其朝着融合多种活动的生态绿地建设方向发展，强调活动多样、内容丰富，以维护居民身心健康，促进体育生态环境高度发展，使人与自然的关系更趋协调、和谐。

我们研究关注城市健身环境与居民体育活动二者的关系，就像对待任何新生事物一样，在认识与建设中会产生各种各样的困惑。目前，关于体育生态环境发展的一些基础性的概念和方法都不是非常成熟，体育生态环境也缺乏理论的指导、统一的认识和规范的引导。

三、城市健身环境建设与居民健身最终达成的目标

党的十八大以来，国家对城市健身环境提出了新高度、新目标、新要求，并赋予城市健身环境在城市发展中的新期望值。尤其在达成人们对美好生活向往的城市环境建设规划中，城市健身环境多数产生于以自然环境（包括原始自然、人工环境）和社会环境（包括人群、经济、政治环境）为基础的生态环境中，以及以人类身心健康为目的而进行的体育活动领域及相关性事务领域里，其重点就是城市健身环境与体育活动的相互作用关系。

围绕“发现价值—研究开发—综合利用”这条主线，本研究从城市健身环境的历史文化角度、城市健身环境建设角度、体育学全民健身角度多

视角地挖掘城市健身环境对全民健身的价值，分析我国居民健身需求现状和健身环境资源建设现状，从二者的矛盾性出发，探索居民健身需求与健身环境资源建设的互馈机制，找出制约居民体育生活方式与健身环境建设互构性发展的因素，并提出居民体育生活方式与健身环境建设互构性发展的对策，即目标互构、理念互构、机制互构。

（一）城市生态化发展和体育环境建设的趋同目标

近年来，随着全民健身的蓬勃发展，中央及地方各级政府对群众体育事业的发展投入了较大的人力、物力和财力，尤其是全国各级城市在其环境建设方面加大了公共空间、体育公园、生态公园、绿色廊道等健身活动场地设施资源的配套投入，这些都是群众体育健身活动和体育事业发展的重要物质保障，也是经营和优化城市体育产业必不可少的物质载体。人与城市和谐的本质就是城市的人性化与人性的城镇化的统一。在城镇化进程中，政府按照“资源节约和环境友好”的要求，依托城市现有的资源和环境承载能力以及配套的公共服务设施，增加绿地，扩大城市景观，保护和改善城市生态环境，推动人与城市环境和谐相处，保障城镇化的质量、效益和福利，实现人口、经济、资源和环境的协调发展，确保城市的可持续发展。体育活动作为城市居民生活方式的重要组成部分，体育环境作为城市居民健身活动的主要载体，都是推动城市生态化发展的动力。

（二）城市健身环境建设对全民健身发展的特殊作用

城市健身环境是城市社会文化系统的重要组成部分，是自然景观和人工景观的综合体，是一种开放的、动态的、脆弱的复合生态系统。城市健身环境可以折射出城市社会、文化、生活等方面的情况。城市健身环境如何在城镇化进程中为居民提供更多的城市休闲空间，供居民进行体育锻炼，参加体育游戏，还居民以健康，是城市休闲体育可持续发展的关键。

在全面建成小康社会和城镇化发展进程中，城市健身环境的改善取得了较大的成效，群众健身体育场地设施建设发展迅速，健身环境中大众体育活动场地设施也得到了较大的改观，这在一定程度上满足了居民对体育锻炼和休闲娱乐健身以及休憩活动场所的数量和质量的需求，对大众体育的发展趋势产生了重要的影响，对推动大众体育的发展及全民健身计划的实施具有非常重要的作用。

（三）城市健身环境和全民健身同向发展的态势

国务院于 1995 年颁布实施了《全民健身计划纲要》，这是国家发展社会体育事业的一项重大决策和纲领性文件。该纲要将全民健身工程纳入其中规划实施，足见全民健身工程在满足人民群众体育需求，促进全民健身运动开展，丰富社会体育文化生活，尤其在补齐群众公益性体育场地设施等方面起到了积极的作用。为了纪念北京 2008 年奥运会成功举办，满足广大人民群众日益增长的体育需求，倡导人民群众更广泛地参加体育健身运动，于 2009 年 10 月 1 日起施行的《全民健身条例》中规定，每年 8 月 8 日为“全民健身日”。我国施行《全民健身条例》，目的就是将健康向上的大众体育精神传达给公众，推广健康生活的理念。全民健身日作为一个标杆、一个推动力，推进了全民健身长效化、机制化。实践证明，经过十几年的发展，全民健身运动蓬勃发展，态势良好，体育已经成为推广居民健康文明生活方式的重要途径，已经成为增强青少年身体素质的重要方法，已经成为推动经济和社会发展的重要力量。

经过十几年的发展，构建面向大众的体育健身服务体系已初具规模，全国各地绝大多数公共体育场馆已向社会开放，各城市社区、公园广场、草坪和路旁以及居民聚居的地段，普遍设立了便民的健身场所，并配置形式多样的体育健身器械和设施，全民健身锻炼环境、场地设施无论从数量还是质量上都发生了巨大改观。我国各级城市在健身环境改善方面卓有成效，各地在城市建设中非常注重健身环境的改善和城市绿化、历史人文风貌修复，在城市中建起了许多休闲公园、环山绿道、水上公园，提高了城市生态系统的多样性。

各地将全民健身发展与健身环境治理有机融合，多维度拓展全民健身新空间，打造绿色、便捷的全民健身新载体，因地制宜地发掘各类体育资源。城市环境、城市标志性景观与体育活动的结合有助于健身锻炼人群增进健康，提高生命活力，满足归属自然的社会需求，塑造健康向上的人格和勇于进取的心理品质，拉近人与人之间的距离，加深居民对城市的了解，实现全民健身公共设施与健身环境治理建设融合共进，既优化健身环境又拓展全民健身新路径，达到体育设施同自然景观和谐相融，体育事业发展同生态文明建设相结合，有效提高健身资源利用效率，缓解全民健身资源的供需矛盾，促进群众体育健康发展。

第二节　研究的目的、意义及内容

城市、生态和健康一直是地理学、社会学和医学等领域重点讨论和研究的内容，而将这三者融合起来进行思考则是近些年的主题。城市历来都是一个国家政治、经济、文化的聚集地，城市的急剧扩张和发展带来了一系列生态环境问题和都市人的健康问题，这使政府和学术界越来越关注这些城市问题。

只有在生产力发展到足以维持多数人居住和生活在城市时，体育的日常性、常态化发展才会成为可能。只有城市才能促使体育运动获得独立发展和形态的分化，城市是体育研究的沃土。因此，本研究试图围绕城市健身环境这一载体，探究其建设和发展对身在其中的居民进行体育锻炼活动的影响和作用。

一、研究的目的

（一）进一步论述全民健身、全民健康以及健康中国的理论融合和逻辑关系

健康中国战略的核心是全民健康。2016 年 8 月，习近平总书记在全国

卫生与健康大会上提到，没有全民健康，就没有全面小康。《“健康中国2030”规划纲要》要求把健康摆在优先发展的战略地位，因为人民健康是民族昌盛和国家富强的重要标志。当中国向着全面建成小康社会的奋斗目标越走越近时，全民健康成为保障和改善民生的一个新课题。因此，国家把健康融入所有政策，大幅提高全民健康意识和健康水平，从而为促进社会发展和推动人类文明进步打下坚实的基础。

党和国家历来高度重视人民健康。自中华人民共和国成立以来，我国健康领域改革发展取得显著成就，人民健康水平和身体素质持续提高。经过努力，我国卫生与健康事业取得巨大成就，赢得世界赞誉。截至2021年，我国居民人均预期寿命提高到78.2岁，孕产妇死亡率下降到10万分之16.1，婴儿死亡率下降到5.0‰；基本医保覆盖稳定在95%以上人口……这些实实在在的成果和具有说服力的数据见证着人民健康水平的显著提高。党的十八大以来，以习近平同志为核心的党中央做出全面推进健康中国建设的重大决策部署，从民生关切着手，实施了一系列利当前、惠长远的重大举措。

中国的卫生健康部门大力普及健康知识与技能，积极推进健康城市和健康村镇建设，以期在全社会形成良好的健康新生态。世界卫生组织指出，中国运行良好的卫生系统已成为全民健康的基石，并为解决全球基本卫生服务覆盖问题提供了可借鉴的路线图。

同时，世界卫生组织还指出，全民健康覆盖并非指不惜代价免费提供所有卫生服务，这样的卫生服务没有任何国家能够负担，而是所有人都能获得适当的卫生服务，并且不会因此而陷入经济困难。因此，全民健康覆盖不仅意味着国家要提供最低限度的一整套卫生服务，还要确保其可持续发展。因此，全民健康不应只关注医疗卫生等终端问题，而应该将国民健康的关注点前移，让国民养成健康的生活方式，其实施的落脚点在于每一个国民日常性的健身健康意识、健身健康习惯以及常态化的健身健康行为。由此可见，全民健身是逻辑起点，全民健康以及健康中国是逻辑终点。

（二）探讨城市健身环境与居民体育活动的良性互动

城市健身环境下的生态环境资源强调人与环境、人与人、人与体育的和谐共存、共生、共同发展，突出城市、体育和居民的可持续发展。本研究围绕城市健身环境与居民体育活动的相互影响这一主题，主要从三个方面进行分析：一是城市景观环境与居民体育活动；二是城市社区景观健身环境与居民体育活动；三是城市住宅区健身环境与居民体育活动。本研究将城市宏观意义上的健身环境按照居民的生产、生活方式进行归类，考量其对居民体育活动等的影响，探索居民健身需求发展变化和城市健身环境建设的相互融合、相互促进；剖析了全民健身蓬勃发展对城市建设的内在需求，城市健身环境的合理规划和建设对居民体育活动发展的特殊作用，以及我国城市生态建设和群众体育发展的良好客观态势。本研究以可用于健身的城市生态环境资源为载体，探索群众体育发展的新趋势；通过生态环境的优化，引导体育，特别是极具群众基础与发展潜力的大众体育走出传统体育场馆，走向城市中正在建设或已经建设好的生态环境，以实现城市健身环境与居民体育活动的良性融合。

（三）梳理城市健身环境现状以及居民体育活动需求现状，提出二者融合发展对策

1. 为城市景观建设服务于群众体育提供思路

城市拥有丰富的历史文化资源。本研究以习近平新时代中国特色社会主义思想为指导，将体育运动与历史文化景观资源相结合，探索城市景观环境下的体育场地设施建设对全民健身活动及其组织管理的影响，尤其是在景观资源建设中体育元素的融合问题。在历史文化景观空间中添加适宜的体育活动功能，对于促进体育交流，进一步提升城市软实力和对外影响力具有重要的现实意义。本研究通过对代表性城市景观与体育活动的结合，如“西安城墙国际马拉松赛”这种对外文化名片的分析，为政府职能部门规划和建设城市景观体育场地提供决策依据，寻求体育、环境、人之间的和谐统一。

2. 开拓社区景观体育发展的新模式

近年来，城市社区景观环境建设、社区居民日常体育健身需求成为热议话题。实践证明，城市社区景观体育开发能很好地激发和引导社区居民进行体育锻炼。本研究通过引入社区景观体育的概念并解析社区景观体育的内涵，以及在城市发展中开展社区景观体育的原因，从理念、体系等方面论述社区景观体育发展的重要性和必要性，以及在开发中应该注意的一些关键问题。

3. 充分挖掘城市住宅区居民健身需求的新特点

城市住宅区有完整的后勤保障、资金保障、土地资源供给、组织管理等方面的便利和优势，它们能够从体育场地设施等方面全面、高效地保障全民健身的实施效果，从而打造“和谐、安居、乐居”的生活环境。城市住宅区体育行为是社区体育的延伸与细化，城市住宅区的健身环境建设极大地激发了居住人群进行体育健身的热情。本研究对城市住宅区居民健身需求、城市住宅区体育健身特点、城市住宅区的健身环境建设与改善有一定的积极影响，在落实健康中国战略和推动生态化社区体育建设，寻求体育、环境、居民之间的和谐统一发展方面，为政府、住建部门、商住区的土地开发商等决策者提供重要的参考意见和指导依据。

（四）通过城市健身环境与全民健身活动影响的研究，促进城市精神文明建设

城市健身环境生态化建设契合全民健身活动深入开展的要求，对加强与推进全民健身计划的深入落实具有促进作用。研究全民健身活动在城市健身环境中的开展状况，尤其是在不同规模健身环境中的开展情况，一方面对于推动全民体育健身工程的健康、科学、有序发展，增强城市的活力和凝聚力，提升城市生态环境的体育功能价值，推动可持续发展的城市建设，提高国民幸福指数意义重大；另一方面对于提高居民的体育健身认知，加速群众体育文化建设，夯实中国群众体育发展基础，以及构建城市体育文化，创建和谐社会和加强城市精神文明建设具有重要意义。

二、研究的意义

学术要融入现实生活，科研要着眼于实际问题。体育作为人类文明发展的产物，总是随着人类的发展而发展，随着社会的进步而进步，随着文明的丰富而丰富。“城市，让生活更美好”正成为现实，美丽的城市景观、宜人的城市风光、便捷的城市生活、健康的城市环境为城市体育的发展拓展了新的活动空间和展示平台，城市不是体育的源头，却是体育的活水，尤其是现代体育的活水。当城市和体育发展到一定阶段时，城市会将体育的发展纳入城市整体的发展。因此，我们有必要对城市和城市居民的体育活动进行理论探索和研究，以实现理论对实践的指导和支撑。

面对现代城市中出现的环境问题、人口问题、健康问题等，在“美丽中国”、健康中国战略的实施进程中，体育肩负着更为重要的职责。如何实现“城市发展、全民健身、生态环境建设”三者的有机融合成为一个极具挑战性的命题。本研究以城市为载体，探索其中的健身环境建设对全民健身的影响，以期准确定位在城市健身环境中生态环境资源承担的全民健身服务职能和使命以及发展路径，并从政府、社会、市场以及学术界等角度对其未来发展趋势和应注意的问题进行深层剖析，做出应有的理论回应。

三、研究内容

第一章，绪论。本章主要提出了城市健身环境与居民体育活动这一问题的研究背景、研究的目的及意义，研究所采用的方法，为本研究提供政策依据和理论基础。

第二章，对本研究涉及的主要研究领域进行概括性的评析，包括围绕健康中国、全民健身计划等政策的梳理，与城市发展、体育活动相关的几组概念的对比解析，找寻本研究的理论基础——城市与体育的相互作用理论、居民健身需求与城市健身环境资源供需理论、基于期望理论和需要层次理论、可持续发展的生态城市和居民健身活动生态化理论，并对城市景观环境、城市社区景观健身环境、城市住宅区健身环境与居民体育活动的相关前期研究进行综述评论。这部分内容既尊重和借鉴前期研究者的劳动成果，又力求为本研究提供理论依据和创新视角。

第三章，首先梳理我国城市居民体育健身活动场地、基础设施建设情况，并依据实地调研数据分析了西安市居民健身需求及西安市健身环境建设现状和供给情况，这是本研究的一个客观基础；其次分析了城市景观的特点、城市景观环境下的体育运动元素的设计原则以及城市景观环境下的体育运动的特征；最后重点梳理了西安市五种城市景观环境，以及西安市城市景观环境建设中与体育活动相关的健身场地建设的状况调查，并在此基础上分析了城市景观环境与城市文化建设的关系。

第四章，主要从城市社区景观健身环境的角度来论述其对居民体育活动的作用。首先从认识层面着手，在理论上统一认识，明确城市社区景观健身环境的概念；其次使人们认识到社区景观与社区体育融合的价值以及社区景观健身在居民健身活动中的作用，理解如何开展社区景观健身；最后指出了社区景观健身环境的规划与设计思路。

第五章，主要从城市住宅区健身环境对居民体育活动影响的新视角进行研究，在实证研究基础上构建城市住宅区健身环境与群众体育相契合的新模式，凸显“群众身边的体育场地”与居民常态化健身的融合情况，探究城市住宅区的体育环境对居民参与体育的积极性、主动性、持久性的影响，从而使城市住宅区体育环境建设彰显以人为本的理念。

第六章，城市健身环境资源的开发。本章首先对城市健身环境资源开发设计与建设应遵循的原则进行分析，其次通过城市健身环境资源开发的路径（政治路径、经济路径、文化路径、社会路径、科技路径）诠释在城市健身环境资源开发目标下的新时代全民健身工程设计的生态学路径，最后通过城市健身环境开发模式构建具有科学性、有效性、可持续发展的综合型体育健身环境开发模式。

第七章，城市健身环境设计案例及启示。本章首先对城市健身环境设计原则与目标进行研究；然后选取我国现阶段城市全民健身工程设计的优秀案例，分析全民健身工程与城市建设融合发展的优秀经验，达到为城市健身环境设计提供启示的目的；最后通过城市健身环境设计的发展趋势展望，将体育的生态价值内植于城市全民健身工程设计，在有效缓解当前城市居民体育参与和体育场地设施供需矛盾的同时，使城市建设更具特色，突出民生为本的理念，为居民创建全方位、全领域的健康环境。

第三节 研究方法

一、文献资料法

一是学术期刊网资源。为了实施和完成本研究任务，笔者围绕环境、生态、城市、体育、社区、居民、健身等关键词，在中国知网的期刊、报纸、会议、优秀硕博论文中查阅和选取部分文章进行分析，以此为本研究提供理论借鉴、观点引用等。本书的第二章就是对这些前期相关研究的借鉴和评述。

二是书籍类资源。学者周细琴的《城市景观体育研究》，宋永昌、由文辉、王祥荣的《城市生态学》，黄升旗的《我国城市化发展问题研究》等为本书提供了编写思路。

三是网络类资源。笔者通过网络撒网式地搜寻资料，跟踪并深度查阅与城市规划、生态建设、居民健身、景观等有联系的信息源，从中获取了很多真实的数据和最新的政策，以及城市健身居民的基本诉求，为增强本研究的真实性、客观性、前沿性提供了参考。

二、实地调查与访谈法

为了较好地研究城市景观环境、城市社区景观健身环境、城市住宅区健身环境在全民健身中的作用与影响，本研究历时 7 年（2013—2020 年）；数据和实地调研经历了三个阶段，分别呈现在三个省部级的课题研究中。第一阶段（2013—2015 年），笔者基于“城市景观建设与促进全民健身研究”①，对城市景观环境进行实地观察，其中包括西安市城市标志性建筑景观、城市人文环境景观、城市公园型环境景观、城市绿色廊道环境景观、绿化带、城市绿地小广场环境景观。在选取样本时，笔者在 5 种类型的景观环境中各选取 3 个共 15 个代表性景观。同时，通过对西安市城市规划建设部门领导、城市建设景观规划设计者、不同景观环境下的体育健身人群进行访谈，笔者了解了行政管理部门有关城市景观体育建设、管理、发展的见解，找到了城市景观环境与体育活动的融合现象和成功个案并对其进行分析；对城市景观环境下体育场地设施资源以及居民在城市景观环境中健身活动的形式及组织管理进行实地调查，了解景观体育对大众体育锻炼的影响，以此确保研究的真实性、可行性、科学性和严谨性。

第二阶段（2016—2019 年），笔者基于“新型城镇化进程中社区景观体育促进全民健身研究”②，对西安市不同类型、不同特点的居民社区进行实地走访。在西安市已建好社区、改建社区和大中型商住小区中，采用社会调查方法随机抽取 15 个并对其进行实地访谈，从而明确城市社区景观的特点、环境改善及建设等对社区体育的影响；观察了解社区绿地、健身设施的基本状况和管理情况，广泛接触社区管理者、健身爱好者等，以此了解社区全民健身活动开展情况、居民健身需求以及体育设施的配备情况、经费来源、管理机制；与居民进行交谈，了解居民对于社区景观体育、生

① 陕西省社科基金一般项目，项目编号 13P75。

② 陕西省社科界 2016 年度重大理论与现实问题研究项目，项目编号 2016Z073。

态环境的认知等，以获取第一手资料。

第三阶段（2020 年 1—2 月），笔者基于“健康中国背景下城市居民住宅区生态环境对小区居民健身需求影响研究”[①]，注重城市住宅区环境与体育健身的结合，凸显“群众身边的体育场地”与居民常态化健身的融合情况。重点考察具有良好生态环境与体育场地、设施较好的城市住宅区并对其进行案例分析，以此获得有效的调研数据和建设方案。笔者通过实地访谈了解到政府政策制定部门、建设规划部门、单位住宅区规划建设部门、大中型房地产商关于居住区生态环境建设规划的整体思路，并针对城市住宅区居民关于居住区生态环境建设和改善以及居住区体育场地设施的融合，获取了真实、可靠的数据。

三、问卷调查法

为了完成不同的研究任务，针对不同的研究对象和调查对象，问卷调查法在不同年份和不同人群中实施，具体分为以下三个部分。

一是针对西安市城市景观环境以及其中的居民健身活动情况实施调查。调查时间为 2013 年 12 月—2014 年 3 月。笔者在对在西安市选定的 15 个代表性景观环境类型中的健身人群进行抽样调查的过程中，根据年龄将其分为老年、中年、青年、学生四类。本次调查采用随机抽样的方法，发放问卷 1200 份，回收 1134 份，有效问卷 1082 份，回收率 94.5%，有效率 95.4%。

二是针对西安市社区景观中居民体育活动情况实施调查。调查时间为 2016 年 12 月—2017 年 2 月。笔者在西安市选定的具有代表性的景观社区健身人群中进行抽样调查。本次调查随机抽取 300 人进行问卷调查，实施定点发放、定点回收，回收问卷 300 份。

---

① 陕西省社科界 2019 年度重大理论与现实问题研究项目，项目编号 2019C092。

三是针对城市住宅区以及其中的居民体育活动情况实施调查。调查时间为 2019 年 10 月—2020 年 2 月。本次调查采用问卷星形式发放和回收问卷，共收集有效问卷 250 份。在调查样本中，男性 138 人，占调查人数的 55.2%；女性 112 人，占调查人数的 44.8%。具体调查样本的年龄分布为：20～29 岁，占 31.6%；30～39 岁，占 24%；40～49 岁，占 23.2%；50～59 岁，占 17.6%；60 岁及以上，占 3.6%。为了体现调查结果的客观性和广泛代表性，以及民众对城市住宅区健身环境改善的真实需要和诉求等，此次调查特别征求了离退休人员群体和中青年上班族群体的意见，对群体的学历层次和生活经历也进行了跟踪和了解，以获取他们对居住区内生态环境以及体育健身活动相对客观、科学、理性的认知和评判，这也可以为后期本研究提出的对策供政府部门、城市规划者、房地产开发商等作出决策提供参考依据。

城市住宅区内人员结构多元，他们对美好生活和体育生活的向往有着不同程度的理解。同时，他们对城市住宅区内生态环境的要求也有所不同，其学历层次的高低和生活经历的不同，以及看待问题的角度不同，使其对城市住宅区内生态环境的建设和城市住宅区内体育健身活动相互作用的关系有着不同的看法和期待，提出不同的建议和措施。从被调查人群的学历层次可以看出，城市住宅区内人员的学历排在前两位的是大学本科（65.6%）和硕士研究生（20.8%）；其余是高中（7.2%）、初中（4.4%）、博士研究生（2%）。该调查样本的学历结构较符合我国城市居民学历结构，因此该调查的结果具有真实性和可靠性，对城市住宅区内健身环境与居民体育活动的研究也具有重要的借鉴意义，在理论上也可为政府部门的政策指导方向提供参考，并为房地产开发商的规划、布局、建设提供思路。

第二章 城市健身环境与居民体育活动相关研究进展

《"健康中国 2030"规划纲要》指出，推进健康中国建设，是全面建成小康社会、基本实现社会主义现代化的重要基础，是全面提升中华民族健康素质、实现人民健康与经济社会协调发展的国家战略。未来 15 年是推进健康中国建设的重要战略机遇期。体育是提高人民健康水平的重要手段，也是实现中国梦的重要内容。党的十八大以来，以习近平同志为核心的党中央高度重视关心体育工作，亲自谋划推动体育事业改革发展，将全民健身上升为国家战略，推动全民健身和全民健康深度融合。同时，将生态文明建设作为统筹推进"五位一体"总体布局和协调推进"四个全面"战略布局的重要内容，开展一系列根本性、开创性、长远性工作，提出一系列新理念新思想新战略，生态文明理念日益深入人心。在城市健身环境建设优化过程中，生态环境建设与满足人们健身需求的体育环境建设相互融合、相互促进，对实施健康中国战略和建设美丽中国有着重要意义。城市生态环境建设下的健身环境优化，有助于促进人与环境、人与人、人与体育的和谐共存、共生、共同发展，以及城市、体育和人的可持续发展。

第一节 城市健身环境与居民体育活动相关概念界定

体育作为一种社会现象，是一种有目的、有意识的社会生活，人类体育需求的产生是体育资源形成的基本条件之一。本研究将城市和居民通过体育活动联系在一起，在探讨城市和其居民通过体育活动这一存在形式和活动方式发生联系时，对城市这一宏大的空间实体进行剖析。因此，我们对与城市发展、与居民体育活动产生联系的概念都应进行解析，以探究其对城市居民体育活动的影响。为了搭建更清晰的概念和架构进行概念辨析，笔者系统搜集和梳理了前期研究者关于城市健身环境与居民体育活动所涉及的相似或相关概念。它们都属于城市和其居民构建体育生活化、生活体育化，开展日常生产生活，共生共荣、共生互利的一个大系统、大环境、大资源体系。

一、城市健身环境相关概念的界定

城市健身环境离不开城市与体育这两个既相对独立又相互依赖的发展主体，它们是相互联系、相互制约且相互作用的各种因素的组合体，并与居民体育活动开展紧密相关。在城市健身环境的研究中，我们有必要对以下与城市健身环境相关的概念进行明晰界定，以便更好地分析城市居民健身环境发展现状及其存在的问题，并进一步加大城市居民健身环境的建设力度，确保城市居民既能够拥有一定数量的健身场地，又能够享受舒适的、高质量的健身环境，这对于实现全民健身具有深远意义。

（一）城市、城市环境的概念界定

马克思指出：城市，本身就反映了人口、生产工具、资本、享受和需求的集中。①学者们从经济学、地理学、社会学、生态学等不同学科领域对城市做出了解释和认定。地理学上的城市是指所处环境良好、交通便捷，有一定的人口密度和居住空间的密集结合体。社会学上的城市是指具有某种属性的、在地理空间上是有界的一种社会组织形式。城市规划学上的城市是指以非农业和非农业人口为主要特点的居民聚集点，包括建制市以及建制镇。经济学上的城市是集聚经济的区域，是在一定空间范围内集中进行社会物质生产与交流的场所，是一个经济实体和区域的经济中心，也是人民精神生活、物质生活的中心，代表一个地区最先进的生产力以及经济发展水平与方向。生态学上的城市是一个复杂的生态系统，是以人为主体，人口、活动、设施、物质、科技、文化高度集中，并不断高速运转的开放性有机综合体。

综上所述，中外学者对城市的界定主要依据三个标准：第一，人口数量与规模；第二，产业结构中以第二、第三产业为主；第三，居民的生活方式。各领域专家对城市的定义虽然不同，但都认为人口高度集中、物质高度集中、设施高度集中、活动高度集中、科技文化高度集中是城市的基本特征。基于以上不同学科对“城市”这一核心概念的理解，本研究认为：城市是以城市居民为主体，以自然环境为依托，以经济活动为基础，与人们的社会生活联系极为紧密的有机整体。

城市环境有广义和狭义之分。广义的城市环境是指自然环境、社会环境、经济环境和生态环境的统一体，是建立在人类对人与自然关系更深刻认识的基础上的新的文化观，是按照生态学原则建立起来的社会、经济、自然协调发展的新型社会关系，是一个复杂的、复合的系统工程，是有效地利用城市资源环境，实现可持续发展的新的生产和生活方式。本文研究

① 马克思，恩格斯. 马克思恩格斯选集：第 1 卷[M]. 北京：人民出版社，2012.

的是狭义的城市环境，主要是指物理环境，包括地形、地质、土壤、水文、气候、植被、动物、微生物等自然环境以及房屋、道路、管线、基础设施、不同类型的土地利用、废气、废水、废渣、噪声等人工环境，是按照生态学、生态经济学和系统工程原理设计、建造的高效、和谐、健康、可持续发展的人类聚居环境，它是城市生态化发展的方向和最终目标。城市环境具有组成的复杂性、资源性与价值性、生态脆弱及密集性的特征。

随着社会的发展，城市功能日趋多元化，城市更加注重经济、环境与居民的和谐发展。在成熟的城市社会中，城市服务功能占主要地位，休闲功能凸显；居民注重舒适的居住环境和生活品质，关注民生和幸福感。这是社会进步和城市发展的体现。我国目前正处于城镇化快速发展阶段，城镇化呈现出了国际化、集群化、生态化、和谐化的发展趋势，尤其是城市生态化发展趋势在加快，从北京“绿色奥运”到上海世博会“城市，让生活更美好”，再到西安世园会“天人长安，创意自然，城市与自然和谐共生”等，无一不体现了这一趋势。总而言之，城市既是人类技术进步、经济发展和社会文明的结晶，也是环境污染、生态破坏和社会问题的汇合处。城市生态环境与生活在城市中的每个居民都息息相关，城市居民生活条件的改善、身心的健康发展、社会的适应性等都必须从城市的可持续发展角度围绕环境生态这一基础性问题展开。

（二）体育环境、城市生态环境、城市健身环境的概念界定

体育与环境有着密切的关系，二者相辅相成、相互作用。体育环境是一个复杂的系统，系统内部各种体育环境因素相互作用、相互依赖，共同影响着体育的内容、形式、性质和发展过程。从宏观层面看，体育环境分为自然环境与社会环境、内环境与外环境。体育的自然环境是指体育活动场所所处的地理和气象环境，如山川、河流、气候、生物等，它们是体育活动赖以形成和发展的最基本的物质环境。体育的社会环境是指与体育这一主体相互联系、相互制约、相互作用的一切社会条件和社会现象，是政治条件、人文条件、经济条件和体育条件的统一体，如政治制度、体育制

度、政策法规、经济模式等。不同的自然环境与社会环境作用于体育的方式和程度也千差万别。体育的内环境是指对体育这一主体产生直接作用的因素，这些因素是影响和制约体育发展的内在因素，如体育运动项目、体育规则、体育运动参与者等。体育的外环境是指对体育这一主体产生间接影响的各种因素，这些因素是影响和制约体育发展的外部条件。体育的外环境涉及的范围非常广泛，包括各种自然因素和社会因素。体育的外环境往往通过体育的内环境对体育这一社会文化现象产生作用。

生态环境是指影响人类生活质量的具体地理空间、位置、地形、地貌、水资源、气候等条件。城市生态环境是城市居民与城市环境的统一体，以及在这个统一体中进行物质能量流动的因素，即与城市居民相互作用的环境。对于生活在城市中的居民来说，城市生态环境包含的自然环境与社会环境直接与生活质量相关联。自然环境包括各种自然因素，如大气、水资源、城市绿地等方面；社会环境包括交通、工业生产、居民居住状况等方面。城市生态环境决定着城市体育发展的项目、内容和规模。在人类的一切文化行为中，唯体育行为与绿色自然最有共息的亲缘关系。[①]城市是人类集聚及生产、生活的场所，所以城市生态环境受人类活动干扰最频繁也最强烈，从而导致生态问题凸显。因此，对城市生态环境脆弱性进行分析和评价，有效识别其关键影响因素，科学选择最佳调控策略，对实现城市生态环境的可持续发展具有重要意义。

健身环境，即在特定的自然环境和社会环境的基础上产生，并以人类身心健康为中心创建的活动空间领域及与其相关的事物境况。它主要受地形与地势、气温、污染、经济、人群等因素的影响。

城市健身环境是指人们进行运动健身时所处的外界条件，如温度、大气成分、水源、绿地、运动场地和周围环境（建筑、设备等）。室外周围环境与人的健身运动形影相随，息息相关，周围的空气、楼房、场地平整度、

① 王景连，赵崇珍. 绿色体育：东西方体育精神的结合点[J]. 成都体育学院学报，1997（1）：15–20.

环境的绿化等都影响着城市居民室外运动健身的质量。

城市在健身环境的建设与发展过程中，既要重视人与自然的和谐发展，也要注重满足居民的多元化健身需求。城市健身环境按照存在形态一般分为物质环境和人文环境，按照性质一般分为自然环境、人工环境和社会环境。

城市健身的自然环境是人们开展健身活动的重要前提。健身的自然环境主要包括由生物群落及非生物自然因素所共同构成的生态系统，这种生态系统的主要构成是自然因素，包括城市森林、草地、水域及其他自然生态环境系统，它们会持续地对城市生存环境与居民健身活动产生影响。

城市健身的人工环境是指在城市发展和建设中，因改造、创造而形成的健身场所场馆、健身广场、健身设施及场地、健身廊道、公园、湖泊、绿地等，其中最有代表性的是遍布城市社区的全民健身工程，这是城市居民日常开展健身活动的重要基础。城市健身的人工环境既强调健身场馆设施的数量，又追求健身环境的整体质量及其便捷性、可达性、实用性、舒适性、生态性等。

城市健身的社会环境涵盖内容较为广泛，包括精神、思想、文化等，如城市居民的健身思想、健身意识、健身习惯，以及整个城市的体育文化氛围、体育风气和相关制度等。城市健身的社会环境是基于城市体育文化不断沉淀而衍生的，它通过物质设施的建设和改善，给予城市居民尊重、关心和服务，促进城市居民身心健康发展，同时是对体育人文精神、体育文化体系、体育思想观念的传播。城市健身的社会环境对于城市居民健身的主动性、积极性、生活化有十分重要的影响。

（三）城市体育资源、城市生态体育资源的概念界定

体育资源具有有限性和无限性、地域差异性、更新和发展的快速性等基本属性。我们研究体育资源的最终目的就是对其进行开发、挖掘和利用，并实现体育资源利益最大化。城市体育资源是城市发展过程中各种体育现象赖以发生、存在的载体和动力，是能影响体育发展并能在参与体育发展

过程中产生一定社会效应、经济效应的物质和非物质形态的事物或现象。它既包括物质形态的体育资源，也包括非物质形态的体育资源，是体育发展中各种社会效应、经济效应产生的载体和源泉。城市体育资源的生成与开发分为两种形式：一种是自然天成，一种是后天形成。体育自然资源包括地质状态、地理环境、气候条件以及综合自然环境等方面，在绝大多数情况下它们都是天然形成的，并以自然天成的物质要素为体育活动、体育现象提供了重要的物质载体。体育自然资源的结构主要依据所处区域的自然资源，以及人类的认知状况、体育意识及体育需求状况而定；除了以天然形成的基本地理地貌为主要内容的体育自然资源外，作为体育活动开展重要基础的物质载体大多是通过后天人工建造形成的，如体育场地设施资源等。同时，体育作为人类社会行为的一个方面，在发展过程中产生了众多非物质形态的资源，这些资源都是在一定自然地理环境影响下的社会人文地理环境中，直接或间接形成的体育行为的动因或结果，它们同体育活动开展的物质载体一样，都是通过人类的后天努力获得和实现的。

城市生态体育资源是指能够为体育运动的开展服务或者能被体育运动所利用的一切自然资源，包含城市森林、草地、绿色廊道、城市交通道路绿化、水域及其他能提供自然生态系统服务功能的环境系统。对这些生态体育资源的合理利用有助于构建“人与自然的命运共同体”，促进人与环境、人与人、人与体育的和谐共存、共生、共同发展，以及城市、体育和人的可持续发展。

二、城市居民体育活动的相关概念界定

随着全民健身计划和健康中国战略的实施，体育活动对居民个体的积极影响愈加明显，城市居民的主体健身意识、健身行为和健身习惯已经发生了很大的变化，居民对体育的需求呈多元化发展趋势，对体育锻炼环境和体育锻炼项目的期待日渐提升。因此，本研究对体育活动开展所依赖的

城市健身环境的相关概念进行梳理，并以此拓展健身场地及健身环境的外延。

（一）城市体育元素、城市休闲体育、城市绿道休闲体育、城市绿道体育景观的概念界定

城市元素是一种彰显城市形象的文化符号系统，它具有鲜明的地域特色与文化内涵，并通过特色文化符号系统的构建来塑造城市品牌。城市体育元素是城市元素的一个子类，即依托体育元素来表达城市形象的文化符号系统。各类城市体育元素构成了城市体育的公共服务平台，从而服务于城市不同群体，满足居民运动参与、竞技欣赏、体育赏析、获得荣誉感等身体和精神层面的体育需求。从城市体育元素对人的作用范畴来看，它既有对人身体层面体育需求的回应，也有对人精神层面体育需求的回应，这完整地反映了人们体育需求的身心二元性。因此，城市体育元素具有城市体育的公共服务功能。

按照文化表现形式，城市体育元素可分为体育器物类元素、体育政策类元素、体育活动类元素、体育精神类元素。体育器物类元素主要通过对城市体育空间的规划布局构建不同的城市体育功能区，以实现城市体育的公共服务功能。体育政策类元素主要通过释放政策红利来促进城市体育发展，拓展公共服务空间，通过颁布法规、条例等来规范与推进城市各社区在体育场地设施、体育组织与活动等方面的建设。体育活动类元素主要通过组织各类体育竞赛、体育活动来满足城市不同群体的不同体育需求。体育精神类元素主要通过营造体育运动氛围，宣扬体育精神等来引领人们形成健康的生活方式和良好的精神面貌。

城市休闲体育是指在城市特定的经济文化和生态环境下，城市居民自愿参与、自主选择的以身体参与为主要手段，以缓解压力、恢复体力、娱乐身心、调节情绪、强身养生为主要目的一种健康科学的身体活动方式。它包括运动健身类，如登山、自行车、瑜伽、健美操、球类等；娱乐休闲类，如垂钓、高尔夫、马术、潜水、滑冰、滑雪等；极限运动类，如攀岩、冲浪、溯溪、蹦极、跳伞、滑翔等；智力运动类，如围棋、桥牌、电子竞技等。实践证明，城市休闲体育行为的发生会受到个人内在驱动力和外在

环境刺激的共同影响。城市健身环境的恶化会成为城市居民休闲体育行为的主要制约因素，而良好的健身环境会对城市居民休闲体育行为的发生起到很强的外在刺激作用。城市休闲体育不仅是社会进步的产物，更是人们应对“城市病”的本能需求。

城市绿道休闲体育和城市绿道体育景观都是在生态城市、城市景观、休闲体育和景观体育的基础上融合而成的一种体育活动形式。城市绿道休闲体育是将城市生态绿带与休闲运动紧密结合的一种“轻体育”休闲运动形式，它在场地、器材、经费等方面没有强制性规定，主要与生态环境相结合，适应居民对户外休闲与运动的多种需求。城市绿道体育景观是指城市将其标志性景观与各项体育项目有机结合起来，形成城市绿道的风景线，使用户在参加运动的同时，还能欣赏到绿道的静态美景。

（二）健身公共空间、健身休闲空间、居民体育健身公共空间的概念界定

人们的健身活动必须在一定的空间范围内才能实现，这个空间范围包括体育场地环境和体育健身设施。我国居民健身活动并不完全依赖建有体育设施的专业场所，而更多地借助其他非专业的体育场所和公共设施，如公园、广场、街道等。这些设施在发挥其特定作用的同时，也具备了健身环境的功能。健身公共空间包含设施和场所，其内涵又包括行为空间和物质空间两个要素，因此健身公共空间是健身行为空间和健身物质空间的结合。健身公共空间作为城市公共空间的组成部分，能够为居民提供锻炼身体和娱乐身心的环境，是城市居民进行休闲健身、户外体育活动的空间。

健身休闲空间也称运动休闲空间，是指城市在其建成区及周围都市圈范围内，充分考虑人们运动休闲的实际需求和自然条件，以各种运动设施为主，同时兼顾周边的景观环境建设，为运动休闲参与者提供恢复身体机能、享受运动乐趣、感受生命活力的环境的空间。不同于竞技体育的专业赛场，健身休闲空间是人们从事体育活动的场所，是城市公共休闲空间的重要组成部分；既包括城市大型综合体育场馆、体育休闲广场、体育休闲公园等，也

涵盖了以住宅区、绿地、屋顶体育场地以及健康步道等为主要形式的休闲空间。

居民体育健身公共空间是以政府为主、社会和市场为辅建造的可供居民直接进行体育活动的空间场所，其载体包括公共体育场馆、城市公园、广场及街道等。居民体育健身公共空间具有“公共性”，这种“公共性”使其在供给主体和服务目的上具备公益性特征。在供给主体上，居民体育健身公共空间主要由政府主导下的社会组织及市场等具有公益性特征的部门构成；在服务目的上，它为城市所有居民提供服务，以服务而非盈利为目的，并且城市中的每个居民都对其享有平等使用的权利。不以盈利为目的、具有公共物品属性的体育健身公共空间是居民健身环境的构成主体。我国城市体育场馆的建设大多是由政府等给予财政和资金的支持，并面向群众免费开放，因此这些体育场馆是具有公共物品属性的，也是居民最佳的健身环境。

笔者以上关于城市健身环境与居民体育活动等相关概念的分析，都是基于相关学者的研究成果梳理汇总的，为本研究的理论分析提供了相对准确并被大众所认可的概念。这些概念或成熟，或不成熟，但也正说明了学术研究是一个不断探索和完善的过程。

第二节　城市健身环境与居民体育活动研究的理论基础

一、城市与体育的相互作用理论

城市的本质是让人们的生活更美好，宜居、宜业、宜游是对现代城市建设的根本要求。生活和生态空间是城市大众体育发展的外在环境，生活和生态空间的合理布局是优化城市大众体育活动空间结构的前提。城市空间规划为城市大众体育活动空间的发展和布局提供了方向。

（一）体育在城市发展中的作用

体育在城市发展中承担着保护现代城市人健康的重任，并成为丰富人们生活方式的途径之一。实践证明，体育已经成为减轻城市生产方式给人类健康造成的危害、促进人类健康发展的有效途径，并已经逐步发展为人们在城市生活的必需品。发展体育可以推进城镇化建设，加强城市基础设施及体育建筑建设，扩大城市间的经济合作与交流，成为城市文化发展的推进器，形成身心健康的群体，提高居民的素质，使体育成为居民生活的重要内容。举办大型体育赛事可以增强居民的荣誉感，培养居民奋发进取、积极向上的精神，提升城市形象，是城市综合能力和城市软实力的标志。

现代体育培育和彰显现代城市精神。城市精神是通过其居民的行为方式、规章制度、文化艺术、伦理道德、城市景观等方面体现出来的共同价值观念、心理导向，是植根于城市历史、体现于城市现实、引领城市未来、区别于其他城市的灵魂。从体育与城市的发展史可以看出，现代体育具备的勇于拼搏、敢于挑战、公平竞争等特征正是城市发展所急需的精神特质。因此，现代体育精神影响和培育了现代城市精神；同时，现代体育精神也彰显了现代城市精神，体育重在参与、团结合作的现代精神也与现代城市的开放包容、团结精神相一致。

（二）城市对体育的作用与影响

城市不是体育的源头，却是体育的活水，城市加快了体育运动的独立及其形态的分化。城市是体育赛事的主要聚集地和落脚点，经常参加体育锻炼的人多数集中在城市里，从而使城市成为现代体育发展的主要承担者。随着生态理念的深入，城市通过改善生态环境，促进休闲体育行为以及增加休闲体育场地，丰富休闲体育活动，升级休闲体育消费，推动体育产业发展，从而使生态文明成为城市休闲体育蓬勃发展的滋养者，同时丰富了城市健身环境的内涵。

1. 城市经济发展水平对城市体育发展的作用

城市经济发展水平对城市体育发展具有决定性制约作用：一方面决定了开展城市体育所必需的体育物质资源（如体育场地场馆，全民健身工程，公共体育设施、器材、设备等）的供给情况，包括数量、规模及分布；另一方面决定了这些体育场地场馆，全民健身工程，公共体育设施、器材、设备等的建设管理质量、科技含量、日常维护和更新能力等。这些决定性制约作用在学校体育、城市社区体育、城市竞技体育三大领域均有呈现。同时，城市经济发展水平还对城市居民体育健身活动消费起着决定性制约作用，也对城市体育具有促进作用。

2. 城市环境对大众体育行为的作用

环境行为学理论认为，环境和行为相互作用、相互渗透，环境对人的行为具有潜移默化甚至是决定性的作用。城市环境能对大众体育行为起到明显的引导、促进和刺激作用。环境优美的城市绿道、生态公园会激发居民走路、跑步或骑行的健身欲望，社区的运动健身设施与场地会促使居民进行休闲体育体验，良好的城市健身环境满足了居民对回归大自然的向往，激发了人们参与休闲体育的内在需求。生态文明建设是开展休闲体育活动的强大助力，使居民自愿地走到户外，一边感受大自然一边健身。休闲体育越来越受到人们的追捧，并成为一种时尚健康的生活方式。建于河畔、田园、山林、郊野等区域的登山道、健走道、骑行道等健身步道，与公园绿地有机结合，无论是在鸟语花香的公园休闲娱乐，还是在生态长廊、健身绿道中骑行，抑或是在森林氧吧中漫步，都是一种生命的回归和心灵的放飞，给人一种原生态的生活享受。此外，城市针对边角地规划设计的口袋健身公园丰富了居民健身休闲空间，使居民出门就能跑步健身，非常便利。城市健身环境对大众体育行为的引导、促进和刺激作用越来越明显，户外良好的健身环境、多样齐全的健身功能配套设施使民众的休闲体育活动逐渐丰富。

在城市生态文明建设中，城市人居环境和健身环境得到了不断改善。

属于绿色消费的休闲体育拉动了城市低碳经济的增长。休闲体育活动的开展在利用已有的市政建设和基础设施的基础上完善了专业的场地设施，而场地设施具有持续性，可循环多次使用，场地的维护维修也属于低投入、低消耗。同时，在健身活动内容方面，大多数休闲体育活动如跑步、健步走、绿道骑行都在户外进行，其场地与大自然融为一体，使人们在休闲体育活动中逐步形成了尊重自然、顺应自然、保护自然的生态观；在体育赛事举办方面，“节俭办赛重环保”是休闲体育赛事的基本要求和行动指南。实践证明，城市环境对居民健身有着正向的引导作用。

（三）城市生态建设与城市休闲体育发展

尊重城市发展规律是城市休闲体育发展的内生动力。城市发展是一个自然历史过程，有其自身规律。城市休闲体育是城市系统的一个子系统。尊重城市发展规律，与自然、经济、文化更好地协调发展是城市休闲体育发展的内在诉求和前提条件：①与自然协调发展。城市休闲体育必须与自然协调发展，依据自然条件，尊重自然规律。城市应在其自然资源的依托下有序发展休闲体育产业。②与经济协调发展。城市经济既是城市休闲体育发展的物质基础和保障，也会限制和制约其发展。城市休闲体育发展要顺应城市经济变化，行政管理部门应及时进行休闲体育产业发展的转型升级。③与文化协调发展。文化是城市休闲体育发展的灵魂，城市休闲体育发展要做好文化传承，遗弃文化必然会切断城市休闲体育记忆，造成城市休闲体育发展千篇一律，缺乏特色。此外，改善城市健身环境，可以加快居民休闲体育需求的释放。城市休闲体育发展要依托城市生态文明建设，尊重城市发展规律和自然规律、尊重当地文化、尊重民众的利益，着重转变城市发展方式，完善城市治理体系，提高城市治理能力，增加休闲体育的有效供给，着力解决“城市病”、环境污染等突出问题，从而不断提升城市环境质量，打造一个优美的城市健身环境。

二、居民健身需求与城市健身环境资源供需理论

城市的发展应是人的需求与生态资源的协调发展。城市应该依托其现有的资源和配套的公共服务设施，保护和改善其生态环境，推动人的需求与生态资源和谐发展，从而实现自身的可持续发展。

新时期我国群众体育领域的主要矛盾是人民日益增长的健身需求与健身环境资源发展不平衡、不充分之间的矛盾，而城市健身环境是居民体育活动需求增长的基础保障。本研究基于供需理论，从二者的矛盾性出发，梳理城市居民健身需求变化的新特点和城市健身环境发展及供给现状，探索居民健身需求与健身环境资源开发的互馈机制。

（一）二者的矛盾性

近年来，随着我国经济的迅猛发展和人们生活水平的逐渐提高，人们的基本生活需求得到满足。然而，科技发展、环境恶化以及人们自身不合理的生活方式（如久坐少动、缺乏锻炼等）直接造成人们身体素质下降。因此，新时期人们对美好生活的愿望首先体现在更多地注重自身健康维护，注重通过运动来增强体质方面。因此，居民健身需求较之前明显高涨。另外，在健身场地资源配置和建设方面，近些年通过政策引导，改建及新建，事业单位体育场地面向社会开放，开放和扩建公园、广场绿地、健身小广场等方式，现有的健身场地资源无论是在数量还是在质量方面都有大幅度提升，在满足初级阶段的居民健身需求方面起到了巨大的作用，但与满足新时期居民健身多元化、多层次需求仍然存在着一定的差距。

（二）二者的互馈性

在健康中国建设过程中，居民健身需求与健身环境资源开发始终交织在一起，成为健康城市发展的重要内容，它们相互影响、相互促进、共同发展。居民健身需求和健身环境资源开发存在复杂的互馈关系，居民健身需求高涨，对健身环境资源开发产生了巨大的作用。这种关系一方面表现在居民

健身需求对健身环境资源开发提出了更高的要求，并为健身环境资源利用提供了潜在市场；另一方面表现在健身环境资源的开发和改善为居民健身提供了重要的基础保障，从根本上稳固了居民健身需求（图 2–1）。

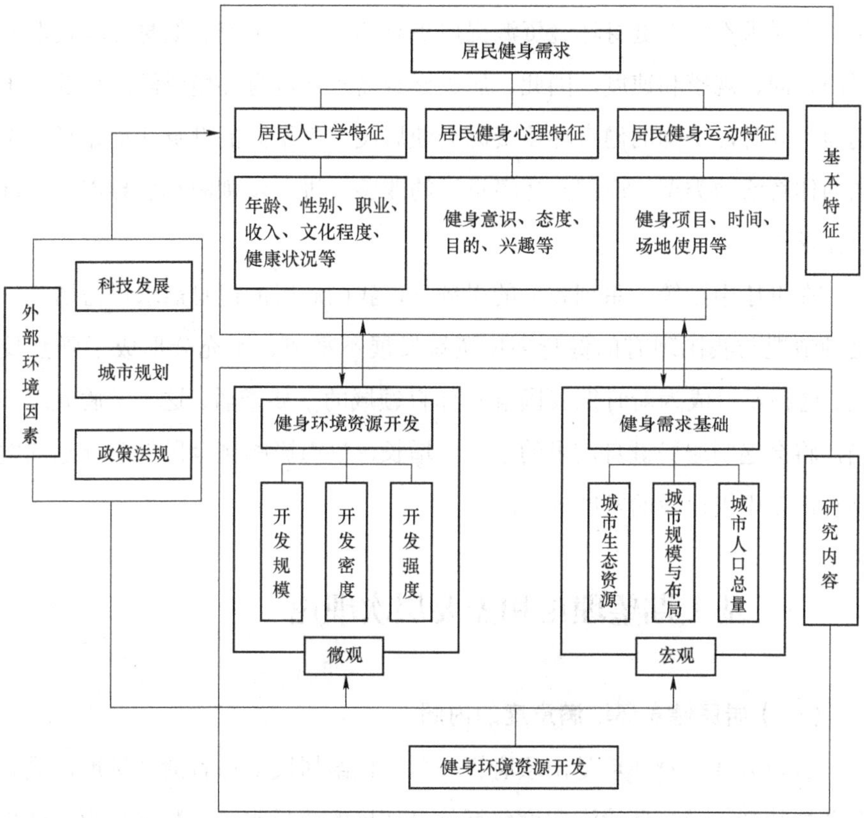

图 2–1　居民健身需求与健身环境资源开发互馈机制

从整体上看，影响居民健身需求和健身环境资源开发的因素非常复杂，包括共同的外部环境因素，如科技发展、城市规划、政策法规。在不同城市或同一城市的不同发展阶段，这些因素对二者的重要性和作用途径、效果也不尽相同。居民健身需求和健身环境资源开发本身所涉及的因素也很多，包括健身居民的年龄、性别，健身的目的、项目、场地使用以及健身环境资源开发的规模、密度和强度等。二者正是在相互影响、相互作用的过程中实现共同发展的。

健身环境资源开发总是从居民健身行为的角度考量、以满足人的健身需求为根本宗旨的，具体表现为健身环境资源开发的规模、密度和强度都受到居民人口学特征、居民健身心理特征和居民健身运动特征的影响。居民健身需求不断对健身环境资源提出更高的要求，影响着健身环境资源发展的方向、规模和速度，因此，居民健身需求是健身环境资源建设的内生动力。同时，不同的健身环境资源会使居民产生不同的健身活动路径和不同的体育活动类型，而健身环境资源的改善又进一步刺激和引导着居民健身需求。

在健康中国等一系列政策的引领下，我国居民的健身需求日益增长。这种情况与我国现有的健身环境资源发展不平衡、不充分形成了强烈反差。这种反差成为新时期我国群众体育领域的主要矛盾。这一矛盾处理不当，将会遏制居民健身需求的进一步增长，进而影响到全民健身计划的实施和健康中国建设的发展进程。

三、基于期望理论和需要层次理论

（一）居民健身环境满意度的内涵

城市公共健身环境是由政府管理并提供给居民的体育活动场地，具有公共性特征。健身环境满意度包括健身环境的质量水平、数量规模、结构布局，在一定程度上体现了该地区健康城市建设的发展水平，涉及城市公园、游览步道、城郊绿地、社区健身空间、校园运动场地、户外广场、私人健身房等，以及健身环境的景观规划、功能结构、健身者的健身体验。基于期望理论，种类齐全、数量充足、质量满意的健身设施，新颖时尚、类型丰富的健身活动，个性全面的健身服务，舒适宜人的健身环境，能使居民在健身过程中获得高期望值。根据需要层次理论，居民在参与健身活动过程中有不同层次的需求，为了满足这些需求，城市提供健身活动、审美体验等服务，从而提升居民对城市健身环境的满意度。

（二）居民健身需求的上涨与城市健身环境供给匮乏的冲突加剧

公共空间作为城市健身环境的一部分，是居民健身和户外活动的主要场所，是政府公共服务的内容之一。随着我国经济的发展和居民生活水平的提高、居民体育生活方式的形成，群众日益增长的健身需求与现有健身公共环境、健身资源之间的矛盾激化。目前，虽然我国大众健身事业得到了国家政策的支持，但大众健身公共空间方面的问题依然严峻。现代化建设进程的加快促使城市空间格局产生巨变，新旧城区的开发改建、住宅楼和商业楼的大量涌现都使户外活动和健身公共空间受到挤压。城市公共健身环境存在总量不足、规划缺乏预见性等问题，从而导致空间分布不合理、闲置或重复建设，群众的多样性健身需求与单一的健身设施供给之间的矛盾激化，大众健身公共环境与私人健身领域、群众体育健身的开展与场地设施的冲突加剧。公共系统规划不合理、相关制度不完善、公共环境规划方式滞后等问题在一定程度上限制了健身环境的供给，导致居民健身行为受限，影响了大众健身活动的开展。居民健身环境是居民体育活动的物质载体，因此，扩大其供给数量和提高其供给质量对于推动群众体育发展和开展居民健身活动具有重要意义。

四、可持续发展的生态城市和居民健身活动生态化理论

党的十八届五中全会提出了“创新、协调、绿色、开放、共享”的新发展理念，为社会经济发展与环境保护工作提供了新思路和新视角。目前，城市建设发展的客观需要与环境容量有限的矛盾日益突出，因此，在新时期如何提升城市生态环境效益，才能使未来城市经济和社会发展具有更高环境资源承载力成为一个值得讨论的问题。城市是一个生态系统，解决城市生态环境问题就是要改变人与自然关系的异化状态。因此，城市生态环境建设应在人与自然辩证统一思想的指导下，走可持续发展道路，处理好

人与自然、人与社会的关系。

生态环境是城市健身环境的载体与保障，是体育运动发展的绿色屏障。生态体育不仅是未来体育发展的基本趋势，也是生态城市建设的重要组成部分。随着城市居民对健身理念和健身项目、健身方式、健身场地、健身时间等方面需求的增加，城市健身环境规划、社区场地建设也应该与时俱进，在适应大众的健身需求变化方面做好跟进工作，加快城市健身环境建设，并使城市生态环境建设与体育资源配置相结合，首先缓解城市居民体育健身参与热情与体育场地设施不充分的矛盾，进而优化体育场地设施的生态环境，实现城市健身环境生态化，突出以人为本的理念。

近年来，我国城市建设快速发展，城市健身环境资源建设已成为完善城市休闲功能的重要途径。随着我国社会经济快速发展，城市居民可自由支配的闲暇时间及收入大大增加，居民健康意识增强，参与健身休闲活动逐渐成为城市居民喜爱的一种生活方式。简单、自助的室外健身环境已不能满足城市居民的健身需求，一些拥有专业化场地与设施、良好健身氛围、个性化服务与管理的健身环境越来越受到城市居民的青睐。因此，本研究把城市居民体育生活方式与城市生态环境相互影响的关系作为城市可持续发展规划与建设的理论基础。

（一）居民体育生活方式与城市生态环境的同源性

城市实际上是一种生态系统，具有一般生态系统的最基本特征，即生物与环境的相互作用。居民是现代城市中的生物，居民生活方式则是通过生物与环境的相互作用形成的。居民体育生活方式是居民生活方式的一部分，从这个层面来看，居民体育生活方式与城市生态环境具有同源性。从当前生态城市建设的理论和实践来看，居民体育生活方式也是生态城市建设的重要内容之一。随着健康中国建设的推进，人们对体育健身活动的要求也逐渐提高，这就要求人与自然和谐相处，给彼此留下一定的发展环境。因此，大力推进居民体育生活方式与城市生态环境建设的互构性发展，不仅能够提高居民自身健康水平和文化修养，增强居民的社会意识，也是新时期群众体育发展的目标和社会主义生态文明建设的需要。

（二）居民体育生活方式与城市生态环境的同构性

居民的体育活动需要在自然环境中进行，人类的体育生活需要借助生态环境这一媒介才能实现。城市生态环境建设的理念在于节能、环保、绿化、资源的可持续发展等，而这些理念是需要通过人才能实现的，这体现了生态环境建设对人的依赖性。人需要在生态环境中进行体育运动，而城市生态环境建设需要城市居民推进和维护。从这个角度来看，城市生态环境建设与居民体育生活方式都须依赖城市居民才能实现，这两种体系之间有着相似的结构，使居民体育生活方式与城市生态环境具有同构性。

（三）居民体育生活方式与生态文明建设的共变性

居民体育生活方式也是一项社会文化事业，生态环境可以影响到居民体育生活方式。如果城市环境污染比较严重，那么居民在选择体育活动方式时就会尽量避免这一弊端，不在室外进行健身活动，转而进行一些能够在室内开展的体育运动。如果城市环境良好，适宜进行健身运动，那么在室外进行运动的居民自然就会增多。由此看来，健身环境可以影响居民对体育活动方式的选择。从这个角度来看，居民体育生活方式与生态环境及生态文明建设具有共变性。

面对人民群众日益增长的体育健身需求，健身休闲环境营造成为健康城市发展任务之一和政府工作的重要内容。要推进健康中国建设和提高公民体育参与度，就应从健身场地环境设施配置方面进行改进，最终达成“人人共享体育健身服务”的目的。《全民健身计划（2016—2020 年）》强调统筹建设全民健身设施网络和城市社区“15 分钟健身圈”，城市健身休闲环境设施数量不断增加。因此，应把生态环境建设与居民体育生活方式有机地结合起来，实现居民体育生活方式与城市生态环境的和谐共处，以生态理念构建居民的体育生活方式，科学规划和统筹建设配置均衡、规模适当、方便实用、安全合理、舒适自然的城市健身环境，让居民形成一种“体育生态化”的全新理念，加快城市生态文明建设，同时为居民提供一个优质的体育生活环境，让居民的体育生活方式朝着健康的方向发展。

第三节 城市健身环境与居民体育活动研究综述

笔者在对城市与体育的相互作用理论、居民健身需求与城市健身环境资源供需理论、基于期望理论和需要层次理论、可持续发展的生态城市和居民健身活动生态化理论等相关理论进行分析之后，遵循科学研究的继承性和创新性两大特点，在研读、尊重和借鉴前期研究者关于城市景观环境、城市社区景观健身环境、城市住宅区健身环境与居民体育活动前期研究成果的基础上，进行了综述评论，期望为本研究提供理论依据和创新视角。

一、城市景观环境与居民体育活动的综述

（一）景观体育概念的起源

景观的概念涉及地理、生态、园林、建筑、文化、艺术、哲学、美学等多个方面。作为一个特定的科学术语，它在不同的学科领域具有不同的含义，有经济、生态和文化的多重价值，具有综合性。城市景观是指由城市建筑、广场空地、街道、公园、建筑小品、城市地面、水体以及绿地等要素构成的城市环境视觉形象和心理印象。景观的概念最早由德国著名的地理学家洪堡德于19世纪初引入地理学，20世纪30年代景观的概念逐渐被引入生态学。1963年，德国地理学者J.施米特许森提出，每一个景观都是一个动态的结构，是整个地理圈内部具有特定性质的一种事、空、时系统。景观不是单纯意义上的“景”，是人们有意识创造的。城市的不同主题空间都能构成景观，它们是城市的灵魂所在。景观体育的实质就是景观与

体育的融合。在欧美国家，景观体育的发展较为成熟，如每年在泰晤士河上举行的牛津剑桥赛艇对抗赛和穿越阿尔卑斯山脉的环法自行车赛等都是景观体育的表现形式和典型例子，其中环法自行车赛将体育比赛和美丽的景观完美地结合在一起，吸引了全世界数以万计的游客和体育爱好者，为法国创造了巨大的社会效益和经济效益。瑞士则将其优美的风景和传统的滑雪运动进行精心包装，这种融合已成为景观体育的成功范例并因此享誉全球。景观体育在欧美国家的大城市和乡镇已经相当普及。

2006 年，“景观体育”这一概念在第三届全国体育大会苏州太湖体育论坛上被提出，经过十几年的思考与探索，景观体育逐步从体育理念发展为体育实践，它是体育比赛与人文景观、自然景观的融合，是体育赛事从场馆走向自然环境的一种全新的体育形式。例如，在上海，景观体育正在形成向大众体育拓展的趋势，从梅花镇花剑系列赛、在黄浦江上举办的 F1 摩托艇世界锦标赛（上海站)、苏州河国际龙舟邀请赛，到南京路人造沙滩排球场、金茂大厦“中华第一跳”、滨江大道世界女子壁球精英赛、陆家嘴房车赛、外滩陈毅广场国际自由式轮滑赛等，这些景观体育的蓬勃兴起使上海的城市景观与体育赛事实现了融合，成为景观与体育融合的突出范例。上海正倾力打造“城市景观体育”新品牌，致力将新兴城市景观、标志性建筑与时尚体育运动有机结合，在举办特色景观体育活动的同时，利用城市景观资源，展现上海蓬勃发展的城市魅力和海纳百川的城市精神，这种结合极具发展潜力，已经有越来越多的企业和社会组织看好这一新形式，并愿意参与其市场运作。

不同学者从不同角度对景观体育的概念进行归纳和界定，对其的理解也因角度不同而存在差别。

第一类观点认为，景观体育是一种特定的新型体育类型。它是将城市人文自然景观、标志性建筑景观等与体育结合起来，围绕提高城市的知名度进行的体育活动，一般以体育赛事为主。蔡海飞认为，景观体育就是将新型的城市景观，特别是标志性建筑与体育活动进行有机结合，通过举办特色体育赛事，利用特色景观资源，展示现代城市的活力。上海市体育局于2005年发布的《上海全民健身发展报告》（2005年）指出，景观体育是将城市的标志性建筑与景观设施、体育活动进行巧妙结合，通过电视等新闻媒体的转播，在介绍体育活动的同时，展示城市特有的景观魅力，提高城市的吸引力和影响力，它是为了展示城市景观而特别举行的体育活动。秦文光等指出，景观体育就是从体育运动项目和景观的特点、结构、功能和变化出发，将适宜的体育运动项目通过特定的形式承载于景观中，为达到传播体育文化、丰富体育手段、拓展景观功能、展示景观魅力的目的而进行的体育活动。郭琴认为，景观体育主要是指利用自然景观、城市人文景观开展体育竞赛、表演的一种体育形式；景观体育的实质就是景观与体育的融合，是将景观与体育的两个基本元素巧妙地、有机地结合起来，人们或参与或观赏，是一种新颖的体育活动方式。刘严键认为，城市景观体育就是将新兴城市景观、标志性建筑与时尚体育运动进行巧妙结合，将体育活动或赛事融入景观，借助电视等新闻媒体的转播，利用城市特有的景观资源来发展体育和展现特有的城市景观魅力。

综上所述，此类观点认为景观体育是将城市人文景观与鲜活的体育活动相结合，成为展示城市特色、提高城市吸引力和影响力的重要手段，景观体育活动的成功举办对提高举办城市的知名度，发展城市旅游业，增加财政收入等有重要作用。

第二类观点认为，景观体育是在城市景观环境背景（包括人文自然景观、标志性建筑景观等）下开展的群众性体育健身活动。周细琴等认为，城市景观体育就是以城市景观为背景或场地开展的、有组织的体育活动；卢凯、施芳芳认为，景观体育是指将包括自然景观和人造景观在内的特色景观与特定的体育运动有机结合在一起的活动。

综上所述，此类观点认为景观体育是以景观为背景或场所进行的体育活动，它是融自然与人类为一体、将静与动相结合、集展示景观和进行体育运动于一体的一种新型的体育活动形式。

通过梳理景观体育的研究进展，本研究可以将其概念概括为景观和体育相融合的一种新兴体育方式，它脱离了以往体育活动场馆化的概念，回归人们日常生活休闲场所，不仅给居民提供了一番开阔天地，使其能够近距离感受体育的魅力和欣赏美丽的景观，也提供了一种体育比赛的视觉冲击。景观体育作为一种新型的体育形态是时代的产物，是顺应社会经济发展的产物。因此，景观体育是在市场经济条件下，融合自然景观、人文景观和体育的独特优势，加之市场化的整合运营，最终获得经济效益和社会效益的一种商业化的新型体育产业形式。这样我们就容易理解和解释景观体育在上海乃至在全国迅速发展的原因。景观体育背后的动力是其商业模式的成功，即承办者赢、赞助商赢和体育赛事本身赢。对承办者来说，依托自然人文景观，引进一些国际体育赛事，既能提升形象，又能带动人气；对赞助商来说，景观体育比赛为居民所喜闻乐见，又能通过媒体等进行转播，自然不失为巨大的商机；而对体育赛事本身来说，如沙滩排球、攀岩、F1 摩托艇等新兴时尚的运动以及自行车、跑步等传统体育项目，既能在景观中得到展示、普及、推广，又能发挥出较大的体育价值。景观体育在满足参赛选手、旅游者和当地居民不同需求的同时也使体育资源得到了最大限度的整合和利用。

学者们的研究涉及景观体育多方面的内容，对于我国的景观体育理论建设和实践发展起到了推动作用。但不可否认的是，目前的景观体育研究还处于初始探讨阶段，缺乏深层次的、系统的挖掘，如缺乏对景观体育产生的时代性根源的深度思考，影响到对于景观体育的概念、性质、内涵、特征等相关理论的研判以及景观体育现实发展的方向。这也从另一个角度说明景观体育开发、研究的空间较大。

（二）有关景观体育的研究

以“景观体育”为主题进行的研究还很薄弱，具有代表性的研究如下：范明志、欧超提出景观体育的含义、特征，景观体育在我国的开展，景观体育对我国城市发展的作用，以及我国开展景观体育需要注意的问题；周细琴、刘严键等以城市景观体育现象为切入点，对景观体育的背景、概念、特征等基本问题进行学理性的分析，并阐述了景观体育在国内外的发展情况及其存在的问题，探讨了景观体育对建设和谐城市的意义；秦文光、经飞跃对景观体育的概念进行再探讨，从本质上指出当前景观体育概念的不足之处，希望景观体育概念的再构建能够使景观体育走上一条和谐发展的道路，真正使景观体育的主体——大众成为景观体育的一道“景观”；卢凯、施芳芳将景观体育与营销学经典的“4P”［产品（product）、价格（price）、渠道（place）、促销（promotion）］营销组合理论相结合，探讨进行景观体育营销的科学策略，为景观体育今后的发展提供了可供实际操作的建议和方法；刘名俭、刘鸣鸣分析了城市景观体育的发展过程及其在丰富城市旅游产品结构、拓宽客源市场、促进城市旅游经济发展、宣传城市形象、完善城市体育活动主题策划以及旅游基础设施等方面的积极影响。

（三）关于城市景观体育的理解

溯源景观体育，它是竞技体育和城市景观的结合。在我国，它最早出现在上海这个国际化大都市，而这并不影响它快速地融入普通民众的体育活动，居民身边如小区小广场上儿童的嬉戏、奔跑，夜幕下年轻人的街舞、轮滑，中老年人的广场舞、太极拳等体育健身活动，足以证明景观体育和全民健身活动息息相关，它为全民健身提供了更加多样的体育活动场地。

城市景观体育是城市体育这个“属”概念中的“种”概念。对城市景观体育这一概念的理解必须把握三点：第一，对城市景观的把握。城市景观体育中的景观特指城市景观，它不仅包括体育建筑景观，还包括自然景观和人文景观等。第二，对城市体育的认识。以城市景观为背景或场地开展的、有组织的体育活动，包括竞技体育活动和群众性健身体育活动，此类活动均以团体或个人行为的体育活动形式开展。这意味着以城市景观为背景或场地开展的体育活动不仅可以是依托城市标志性建筑景观、城市自然景观、城市人文景观等进行的以展现城市形象、提高城市知名度和推广体育项目为主要目的的城市体育活动，也可以是一定级别或规模的群体性体育活动，如广场舞、太极拳等，还可以是街头巷尾、公园河边“动动手呀，动动脚”之类的个人体育行为的晨晚练等体育活动。第三，大型体育建筑作为城市景观的一部分，其设计的目的不仅是举办体育赛事，更是在一定程度上优化城市环境，并方便居民进行休闲健身活动。景观性、经济性、标志性已经成为设计、建设体育建筑类景观的重要指标，如北京的国家体育场（鸟巢）、广州天河体育中心等，但仅有这些建筑还不够，还需要明确只有在这些体育建筑中开展综合性的体育活动才能称为城市景观体育。因此，城市景观体育是以包括体育景观在内的城市自然或人工景观环境为平台所开展的具有娱乐性和创新性，并与景观环境紧密结合的团体或个人体育活动。

2003 年 8 月，人流如织的上海南京路破天荒地铺上了厚厚的细纱，中国沙滩排球锦标赛总决赛在鳞次栉比的商店中间进行；2003 年 10 月，20 名国际高楼跳伞运动员从上海金茂大厦 88 楼腾空而下，380 米的高度创造了高楼跳伞之最；2003 年 10 月，上海全民健身龙舟大赛和国际龙舟邀请赛在苏州河上开桨，比赛期间两岸成千上万的居民不仅欣赏了中国传统的龙舟赛事，而且还领略了苏州河整治后的美丽景色。这种国际级的体育赛事实现了体育与城市景观的融合，极大地激发了人们参与体育健身活动的热情。但是，这些活动都是在城市标志性建筑或繁华地段举行的，亲民性不强。要增强亲民性，这些体育赛事就需要“俯下身子”，走近群众，社区则是其最好的选择。将社区景观与体育活动相结合，即开展社区景观体育活动，使体育赛事进一步走入“寻常百姓家”，这会对居民的锻炼行为、锻炼热情产生重要的影响。

（四）城市景观环境建设与体育相结合

城市景观环境是城市社会文化系统的重要组成部分，是自然景观和人工景观的综合体，是一种开放的、动态的、脆弱的复合生态系统。城市景观可以折射出社会、文化、生活等各方面的问题。因此，城市景观能够在城镇化进程中为居民提供更多的城市休闲健身环境，供居民进行体育锻炼、体育游戏，是城市休闲体育可持续发展的关键。

景观体育属于体育旅游的重要范畴，是大型的体育运动与可供观赏的自然禀赋或自然资源相结合的产物。杨佑乔等在研究国内外老年人社区景观的基础上探析新时期我国老年人居住环境景观建设应注意的问题，以实现景观资源与体育活动的相得益彰；程刚、王淑贞从景观环境与体育活动的融合入手，阐述景观体育在丰富锻炼手段、提高大众体育锻炼意识、改变大众体育价值观、影响大众体育锻炼行为、实现免费观赏竞技比赛、推动体育生活化进程等方面起到的积极作用。西方国家关于城市景观建设的文献多强调景观建设的人文性，如布鲁斯（Bruce）提出，应该从人们每天都体验的景观的角度去建设城市；帕特 R（R. Pate）提出，城市规划应从每个居民和利用者利益的角度去考虑，必须在人情味方面设计出非常周密的城市景观。

二、城市社区景观健身环境与居民体育活动的综述

社区体育作为社会体育的主要内容和社区文化的重要组成部分，是体育社会化和生活化发展的核心。在“以人为本、和谐生态”的发展理念下，生态化是我国社区体育的创新性发展，也是社区体育发展的必然趋势。城市社区景观健身环境与居民体育活动的结合，突破了居民以往大多在体育场馆和特定运动场所进行体育锻炼的传统观念，使人们更多地走到户外、走向自然，丰富了人们进行体育锻炼的方式，为户外运动项目增加了活力，为多样化体育活动的开展开拓了新思路。在本研究中，城市社区景观健身环境以城市社区生态化环境的形式体现。

（一）生态社区的内涵及建设

生态文明是人类健康的基本条件，这不仅是中华民族的使命，而且已经成为人类的共识。实践证明，人的生活品质与生态文明息息相关，优美

的生态环境有助于人的生理健康、心理健康和人际关系的和谐。社区生态环境建设的目的是让人民群众平等地享受低碳排放、低污染的生存环境，生活得更舒适、更幸福。洁净的空气和水源，安全、健康、舒适的社区生态环境是居民健康生活的物质条件和可靠保证。通过生态社区的建设，社区可以进行生态道德教育，普及生态文化知识，规范人们的生态文化行为，提高居民的生态道德水准。

社区是国家最基层的组织单位，社区建设与发展是当前中国社会发展的重要内容，也是党领导人民群众治理国家的重要举措之一。生态社区是以生态学的理论为指导，依据社会学、环境学的规划建设和管理要求，既可以使当前居民的生产、生活需求得到满足，又不会导致生态失衡和影响子孙后代生存环境的一种社区模式。生态社区建设是各地运用生态理论去指导社区的绿化建设，使社区物质能量得以循环可持续利用的过程。在城乡社会一体化中，社区是最基层的单元，也是城市社会管理的微观基础，处于城镇化进程中的社区集中反映了当前城市建设所面临的来自资源利用、环境改善、经济效益、社会文化多方面的矛盾。在此背景和形势下，进行生态社区规划研究，对于构建生态社区规划的体系框架，完善生态社区规划的理论体系，并指导生态社区的建设和管理具有重要的理论价值和实践意义。党的十八大报告首次单篇论述了生态文明，把生态文明建设摆在总体布局的高度来论述，彰显出中华民族对后代、对世界负责的精神。我们应进一步明确当前中国社区建设的战略定位，即在习近平新时代中国特色社会主义思想指导下，以生态社区和美丽社区作为社区建设的发展方向，打造生态优美、文明祥和的新型生态社区。生态社区和美丽社区建设的出发点和落脚点是维护社区居民的根本利益，因此生态社区要依靠居民、为了居民、成果由居民共享，使“以人为本”的理念贯穿生态社区建设的全过程。

生态文明的构建和可持续发展的实现不仅是生态环境与生态资源的保护，更重要的是生态文明的传承与发扬。在这样的时空背景下，生态社区的系统整体性要求各要素协同合作，创新社区治理模式，实现人、自然、社会的和谐共生。李志强、叶媛媛、陈永红在《生态社区社会资本的培育：逻辑、困境与路径》一文中指出，生态社区自治的内生性发展诉求与社会资本存在良好契合性，并提出生态社区社会资本培育包括信任型社会资本培育、合作型社会资本集聚和规范型社会资本构建三种路径，分别从生态社区治理的情感认同基础、资源稳固网络及制度保障框架全面而深刻地探讨了“社区生态民主重建”的机制和路径问题。在生态文明建设和可持续发展理念下，生态社区不仅成为社会环境生态化重构的主要体现，也是深入完善社区自治、创新社会治理的重要载体。

（二）城市社区景观健身环境与居民体育活动相结合

健康是包括身体、心理、社会适应能力和道德品质在内的一种综合因素的体现，是人体与自然、精神与环境的平衡、愉快和统一。构建社区生态文明视角下的健康促进模式，对于改善和提高居民身体素质，降低医疗成本，提高社会生产力，促进健康中国建设和全面建成小康社会有着重要意义。

王凯珍在《中国城市不同类型社区居民体育活动现状的调查研究》一文中分析指出，我国城市不同的居住地带构成了传统街坊社区、单位社区、综合社区和边缘社区等四种不同类型的社区，不同类型社区居民的异质性程度、社区环境和条件、社区管理方式、社区氛围、社区认同感、居民的体育参与状况、社区体育场地设施条件、社区体育组织管理者、去收费体育场所的人数比例、社区体育场地设施和体育活动满意度均存在差异。城市社区居民体育活动形式的选择以个人、家庭和初级小群体为主，社区体育发挥的作用有限。城市社区居民体育活动项目以走跑、球类、体操和游泳为主，其体育活动场所以公共体育场所、公园和广场、单位体育场地、住宅小区空地为主。目前，我国城市居民的体育场所消费意识和水平较低，依然以非经营性的体育场所为主，城市居民对社区体育设施的满意程度较低。随着年龄的增长，城市居民社区归属感递增，单位归属感递减。影响城市居民参加体育活动的主要因素为“三缺”：缺少时间，缺乏兴趣，缺少场地设施。因此，城市社区体育急需解决的重要性排在前三位的问题是修建体育场地设施，经常组织体育活动，建立各种体育组织。这是保证社区体育活动普遍化、经常化、生活化最基本的条件。特别是对体育场地设施，居民的不满意率为51.8%，75.1%的居民要求解决这一问题。

杨爱荣等在《社区生态环境建设与健康促进研究》一文中指出，社区生态环境建设与公众健康是相互影响的，良好的社区生态环境是公众健康的必要条件，公众健康是良好的社区生态环境的重要保障。健康促进可以预防和控制社区生态环境恶化对人们健康的影响。政府要制定环境与健康方面相关的法律法规，细化保障人体健康的环境标准，加强健康管理的生态环境执法和监督；做到立法和执法并举，切实改善生态环境质量，提高公众的环保意识，拓宽公众的参与途径，建立可持续生活模式，从而使我国公民的健康权益得到法律的有力保障，推进生态文明建设。

谢叶寿、阿英嘎在《我国社区体育生态化建设的困境与治理措施》一文中指出，生态社区体育是社区体育的升华，社区体育生态化强调社区的人、自然环境、社会环境以及人的体育活动四位一体协调发展，达到共生共荣、整体动态和谐。有关部门要在社区体育的规划方面注重整体性、合理性、环保性和可持续性，在活动内容方面坚持健身手段的科学性、健身群体的普遍性、健身器材的生态性、健身活动的持续性。居民体育行为、各种竞赛活动以及生态体育意识是实施生态社区体育的决定因素。生态的人工环境主要指那些方便社区居民进行体育活动的空间、场地设施等有形实体；生态的人文环境则主要指社区居民在长期的健身和体育活动中形成的社区体育文化、制度和规定等软性元素。因此，社区体育生态化的着眼点是构建生态的健身环境。在生态社区体育环境中，社区居民科学地安排和进行各种各样的体育活动，包括晨练、团队比赛、大型群众体育活动等；在活动内容上，推行健身、娱乐、文化与生态一体化；在活动目的上，不仅要重视个体的发展，更要注意环境的生态建设与维护。社区体育生态环境的发展，构建了良好的体育活动空间，形成了良好的社区体育氛围，规范了社区居民的体育行为。

生态社区体育强调的不仅是锻炼手段、方法和锻炼设施、场地的生态，而且是社区体育活动、社区体育服务、社区环境和社区居民和谐发展的生态。实践证明，社区景观健身环境与居民体育活动是相互影响、相互促进的，并在发展中达到和谐共处，实现双赢。

三、城市住宅区健身环境与居民体育活动的综述

（一）城市住宅区健身环境的研究价值

住宅区环境一般包含住宅区室外的硬环境和软环境。硬环境是指住宅区内以居住活动作为载体的、一切服务于居民并为居民所利用的各种物质设施的总和，分为自然环境和人工环境。自然环境包括地形、地貌、地质、植物、水、空气、气温、日照、声音等各种自然因素。人工环境主要是那些由人类间接或直接参与、创造而产生的物体、空间、现象等，如建筑物、构筑物、标志物、参与性设施和景观小品等。软环境是指受到住宅区硬环境系统功能直接或间接影响的一切非物质形态事物的总和，它是一种无形的环境，但居民可以随时身处其中并产生相应的感受，如居住的舒适程度、生活情调、信息交流与沟通、社会秩序、安全感和归属感等，这些都构成了住宅区的氛围。数十年来，我国城市住宅区建设取得了巨大的成就，人均居住面积增加，居住条件有了改善。在住宅内部条件逐渐改善的同时，居民对城市住宅区的户外环境，尤其是植物绿化、休闲健身环境的要求也越来越高。

健康中国的核心是全民健身。全民健身计划实施二十多年来，我国国民身体健康水平有了显著提高，但也面临着较多的问题，如健身人群中青少年和中老年人群比例高、中青年人群比例偏低，居民区周边健身环境较差、体育场地设施不足。城市住宅区健身环境的建设，体育场地设施的改

善，作为城市公共体育空间健身环境的补充，将在一定程度上有效地解决这些问题，为全民健身做好最基层的服务和保障。以健康中国建设为契机，从城市住宅区健身环境对居民体育活动影响的新视角进行考证与分析，构建城市住宅区健身环境与大众体育活动相契合的新模式，使城市住宅区的健身环境建设彰显以居民为本的理念，是近些年学术界围绕全民健身进行思考和探索的又一领域。

因此，我们应系统了解城市不同规模、不同层次、不同类型住宅区健身环境与住宅区内体育活动资源概况，梳理现有的和规划在建的不同规模、不同层次、不同类型住宅区健身环境及住宅区内的体育场地设施资源概况，并对其中的体育场地设施及其占地面积、种类、结构、分布、投资构成以及植物绿化等资源进行摸底，实地考量城市住宅区居民健身特点与需求变化，规划设计城市住宅区健身环境与居民体育活动需求的融合路径等，为城市健身环境中体育场地设施的规划与设计提供依据和参考。

（二）城市居民健身理念的变化

随着健康中国和全民健身计划的深入开展，人们对科学的健康理念和科学的健身方式有了更深入的理解，有氧运动、运动负荷、运动方式、运动处方等专业名词已是健身人群交流的主要话题。这尤其表现在健身的态度上，人们已从传统的走一走、跑一跑、动一动的被动健身行为上升到目前的对科学健身行为的需求，日常锻炼不仅是为了预防和治疗肥胖症，也开始对锻炼方式、锻炼手段选择，以及锻炼环境，如氧含量、雾霾指数，道路的适宜性、噪声控制等的要求，还有锻炼氛围、锻炼项目、锻炼人群结构等方面有了高质量的追求。

在城市居民健身需求方面，国内专家的研究也较为深入和全面。国家发布的《第五次全国体育场地普查数据公报》《第六次全国体育场地普查数据公报》《2014 年全民健身活动状况调查公报》等，以及国家体育总局有关研究报告的数据和李建国、王凯珍、仇军、龙佳怀等专家、学者的专题研究，结合《2020 年全民健身活动状况调查公报》《2021 年中国体育人群调查报告》进行比较分析显示，经过十多年的发展，我国城市居民体育活动动机排在前三位的仍旧是健身需求、休闲娱乐需求、交流需求，没有较大变化。排名第一的健身需求的满足和落实首先需要便捷、舒适的体育健身环境，也就是“建老百姓身边的场地设施”，以缓解居民体育活动需求和体育场地环境供给的矛盾。

（三）城市住宅区健身环境对居民体育活动需求的影响

在城市住宅区的分类及特点研究方面，王凯珍通过对城市不同类型居住社区的特征分析，指出我国城市不同居住地带构成了四种不同类型的社区，不同类型社区居民的体育参与状况、社区体育场地设施条件、组织化程度、经费来源、场地设施和体育活动的满意度均存在差异，总体表现为综合社区、单位社区的体育基础条件、经费投入和体育活动状况优于传统街坊社区和边缘社区，综合社区、单位社区的体育场地设施和体育活动的满意度高于其他社区。

在城市住宅区特征、体育设施规划及体育活动现状的研究方面，王乔君等学者指出从城市社区规划和健康住宅功能的角度讲，我国城市住宅区体育设施的规划不能满足日益增长的居民体育活动需求，应规划与现代社会发展需要相匹配的体育设施，明确公共体育设施的投资主体是各级政府，城市住宅区体育设施应以立法保障其配置标准，应注意体育设施功能的多样性和受益大众化。

在城市住宅区的可持续发展理论及法规研究方面，刘鹏、骆映、王朝红等研究认为，目前我国对于城市住宅区体育设施的规划、建设还没有形成一套统一的参考标准，这种情况的存在也加剧了我国城市住宅区体育设施无章建设、随意规划的问题。在推进城市住宅区的体育设施保障方面，应当建立制度法规，规范“建老百姓身边的场地设施”，政府相关部门、建设单位、房地产开发商应从不同层面加以规划。城市住宅区体育场所与体育设施需要一批专业的体育指导人员以及体育设施管理人员，为小区体育设施提供更加专业的维护与管理，并能够在居民日常运动时为其提供专业的培训与指导，在使小区居民体育活动具有长期性、安全性、专业性的基础上更好地提升居民健身活动的参与度。

在城市住宅区健身环境与体育活动结合的研究方面，万炳军、赵双云、刘敏等在价值定位、体育人居环境、推广路径、居住小区配套体育设施的优化研究以及居住小区的模式、城市体育健身圈的建设等方面进行了深入思考，认为目前在城市大众体育事业发展中，通过在居住小区内配套体育设施，优化体育健身环境的方式能更好地满足居民对于日常体育锻炼的需求。此外，他们还从健康中国建设中体育的生态使命入手，探讨了建设内含体育元素的人居生态环境是提高人民生活质量的出发点和落脚点，是建设健康、绿色生态中国的基础。在生态和人居环境两个关系民生的健康治理工程中，体育应当全面介入，这既是中国社会发展对体育的生态要求，也是体育多元价值的体现。而《“健康中国 2030”规划纲要》也正是将体育作为建设健康人居环境的一个重要抓手予以实施的。

李豪杰分析认为，体育促进全面健康的功能已成为共识，二者之间的科学机制不断被挖掘，使人们的生活方式具有诸多体育元素，进而从行为上内化“绿色”生活方式的形成。李向东研究认为，体育应当全面介入健康治理工程。体育运动独有的“共群性”能够建立居住环境中人与人之间的交往平台，这种积极的体育交往，不仅能在行为上使人与人之间建立良好的社会生态关系，更能将这种关系通过体育的生物机制进行转换，形成人与自然的共生观念，推进生态文明的建设。同时，老龄化社会和“二孩”时代的到来，均需要体育作为一种积极的疾病预防手段和教育手段发挥其健康价值，以建立一个生态和谐的人居环境。

综上所述，城市住宅区是居民生活最基础的构成单位。便利的体育设施、场地等构成的健身环境能够激发居民的运动动机，使“每天运动”成为习惯，塑造文明的行为方式。随着我国打造“宜居、乐居、安居”住宅区建设的不断推进，以及城市住宅区健身环境建设与城市居民体育活动的结合，社区体育发展中一直存在的体育场地布局和规划混乱，社区居民生态体育观念淡薄，居民体育锻炼方式科学性不高，体育设施无法满足健身需求、后期缺乏维护等现实问题将得到有效解决，使城市住宅区健身环境建设更具特色，满足居民对美好生活的向往，突出以人为本和全民健身的理念。

城市住宅区健身环境是社区体育深入开展的基础，对于提高居民的生活质量、提升人口综合素质有着不可替代的作用，也是全民健身工程向纵深发展的基础，更奠定了群众身边的体育健身工程建设的基础。政府相关部门、建设单位、房地产开发商已经使相关政策从理念走向落地，城市住宅区环境的建设逐步将体育设施、体育文化元素纳入其中，体育也从人居环境的建设需要出发，在器材设计、制度安排、科普平台、人才培养等方面进行创新建设，为体育融入人居环境奠定基础。

第三章
城市景观环境与居民体育活动

城市景观环境是群众健身环境的有力补充，以城市景观环境为背景进行的体育赛事和健身活动，丰富了全民健身的环境资源。随着全民健身和健康中国上升为国家战略，我国居民的健康意识不断增强，健身需求不断高涨，居民对体育活动的需求也日益多元化和差异化，适宜的健身环境已成为健身人群的基本诉求。近年来，各级政府加大了对城市生态体育资源的开发力度，然而居民的健身需求和体育资源发展的不平衡、不充分之间依然存在矛盾。目前，城市健身环境建设达到了什么程度、应该达到什么程度、是否与居民健身活动需求相协调等问题仍需思考。普及健康生活，优化健康服务，完善健康保障，建设健康环境，发展健康产业是健康城市发展的目标，体育运动带动下的全民健身对城市的社会进步具有极大的推动作用。

第一节　城市景观环境与居民体育活动概述

实施健康中国战略，既关系到我国民生建设，也对国家综合实力的提升和经济社会的发展具有重要意义。全民健身是健康中国建设的战略基础、前端要地和有力支撑，是全体人民增强体魄、幸福生活的基础保障。健康中国的内涵，不仅是人民身体健康，更是全体人民健康身体、健康环境、健康经济、健康社会的四位一体的“大健康”和服务于全体人民的全面健康，是服务于人的生命全周期、服务于健康全过程的全面健康。

发挥运动促进健康的独特优势，推动全民健身与全民健康深度融合，首先要理念先行，实现从全民健身到全民健康的认识飞跃；其次要深化改革，探索有利于全民健身与全民健康深度融合的体制机制，找准定位，精准发力，实施系列工程。当前，落实好《全民健身计划（2016—2020 年）》是推动健康中国建设的迫切需要和首要任务。《全民健身计划（2016—2020 年）》提出，合理利用景区、郊野公园、城市公园、公共绿地、广场及城市空置场所建设休闲健身场地设施。城市景观是人类在城市聚居环境中所创造和维护的人工与自然景观，是由城市建筑和建筑群、街道、广场、园林绿化等形成的外观整体及氛围。它是在人口众多的城市聚居环境中固有的和所创造的自然景观美，可使城市具有自然景观艺术，使人们在城市生活中感到舒适和愉快。城市景观具有经济、生态和文化综合性的多重价值。发展中的城市依托其现有的资源，挖掘其潜在的资源，通过增加绿地、治理水域等生态环境建设来提升自身的环境承载能力。

一、城市景观环境与体育运动

（一）城市景观的价值

城市景观的价值：①城市景观建设实现了科学、艺术和人文的和谐统一；②城市景观建设秉承以人为本的理念，满足全民休闲娱乐和健身活动开展的需求；③城市景观大环境和不同规模社区景观小环境下群众体育活动的开发和拓展，对全民参与体育的理念（参与体育锻炼的积极性、主动性、持久性等）以及群众体育发展的方向、新型运动项目等具有深远的影响；④城市景观规划建设中体育功能、体育元素的设计及其潜在的社会价值将为城市发展做出贡献，对城市建设和全面建成小康社会背景下的全民体育发展具有非常重要的社会价值；⑤城市景观与体育相结合的模式，以习近平新时代中国特色社会主义思想为指导，树立可持续发展的观念，构建科学有序的管理模式，必将为健康中国建设做出贡献。

（二）城市景观环境下的体育运动

城市景观体育是城市景观和体育相融合的一种新兴体育方式，是以包括体育景观在内的城市自然或人工景观环境为平台所开展的具有娱乐性和创新性，并与景观环境紧密结合的团体或个人体育活动，其脱离了以往体育场馆化的概念，不仅给人们提供了近距离感受体育和景观的魅力的机会，也通过比赛给人们以视觉的冲击。

以城市景观为背景或场地开展的体育活动不仅可以依托城市标志性建筑景观、城市自然景观、城市人文景观等来展现城市形象，提高城市知名度，也可以推广一定级别或规模的群体性体育活动项目，如民众喜欢的广场舞、太极拳、健身操、民族舞等，以及街头巷尾、公园河边个体行为的晨晚练等体育活动。

城市景观体育是城市景观与体育交叉的产物，它既吸收了景观的空间建设理念又继承了体育功能的整体性思想，能为城市全民健身的开展提供一种新的综合性视角，必将对健康理念下全民健身的科学实施路径的形成起到积极的作用。有关部门通过在景观环境中设计、建设环保体育设施，运用环保健身器械等方式，引导群众科学地把健身、绿色体育消费与环保运动结合起来，追求运动健身、体育意识与环保意识培养的统一。

1. 城市景观环境下体育运动元素的设计

城市景观功能区域规划是一个综合性工程，要达到可持续发展，基本思路是以城市景观为规划对象，以人类社会的功能需求为立足点，依据景观生态学理论，对城市景观进行功能划分；通过对城市景观功能与过程的分析实现城市景观功能与体育服务的相互协调，进而确保城市景观与体育功能的完善，以促进城市的和谐稳定与整体发展。

城市景观环境的服务功能体现在生态景观（自然景观）上。这种景观环境服务功能主要通过林地、水域、滩涂、水源保护区、城市绿地等生态景观体现出来。生态景观是城市景观中的自然资源，对于维持城市生态稳定和区域生态平衡，协调社会经济的发展与生态环境保护的关系，促进城乡融合发展，创造高质量的人居环境起着重要作用。城市景观文化支持功能体现在人工景观上。一个和谐的城市景观的维持，离不开优秀传统文化的支撑，具有特色的城市文化又会服务于城市居民，并随着社会经济的发展而进一步丰富。文化支持功能主要体现在城镇工矿用地等建成景观中，涵盖了文化娱乐、社会服务与居住生活等城市的基本功能。建成景观是居住、交通、商贸、娱乐与工业生产集中地，为人类创造了舒适的生活条件，满足人类的需求，发挥文化支持的功能。城市体育活动正是城市景观文化支持功能的一部分。

城市景观环境的规划、建设与完善，总是与城市生态化有着紧密联系，其着力点主要在绿色公园景观、绿色廊道景观、绿地广场景观、生态社区景观等方面。加强城市绿色景观环境的建设，有利于促进国家生态文明的建设和发展。而在绿色景观环境下配置体育运动设施和规划布局体育运动场所，使城市绿色景观与体育运动相结合，在绿色景观中建设具有特色、设施功能完备、环境优美的体育活动区，更会提高人们进行体育活动的积极性，增加体育人口的数量，保证体育活动的质量，进而极大地促进全民健身计划的实施和向更深层次的发展。

目前的城市景观环境建设在设计上还是过多地以营造满足人们休闲休憩需求的绿色生态环境为目的。但是，随着人们生活水平的不断提高以及人们对精神生活和健康生活的追求的不断提升，人们越来越多地希望在绿色生态环境中进行各种以休闲和体育健身为主的活动，满足自身接近自然的需求，这对于城市景观建设和城市体育设施建设具有重要意义，可以有效地避免重复建设和重复投入。

2. 城市景观环境与体育相结合的特征

城市景观环境是人们进行休闲健身活动的重要场所，它所营造的区域基本上都是开放性质的，在其中建设的附属体育活动设施及场所具有开放性、大众性、功能性、阶段性、安全性等特征。

（1）开放性

城市景观环境中与体育相关的健身设施，基本位于公园、绿色廊道、绿地广场、生态化的绿色社区等区域，是面向全体居民免费开放的。城市景观环境不受居民的性别、爱好、居住区域等因素的影响，开放性是其显著特征。

（2）大众性

面对现代城市的发展和居民生活方式的改变，人们的休闲活动需求趋向多样化、个性化、差异化，健身活动场地不再单纯地局限于自然环境。城市景观环境的景观特色和体育活动设施的多样性在一定程度上刺激和培育了大众的健身锻炼需求，大众性是其特征之一。

（3）功能性

随着人们物质生活水平和精神生活水平的不断提高，现在的城市景观建设和改建越来越多地考虑到人们的实际生活追求。目前，城市景观环境的建设和改建已经根据人们年龄阶段、性别特征、工作类型、身体状况以及锻炼目的的不同，设置了各类体育项目、运动设施、健身器材等功能区，逐步形成了一个完善的服务系统，以满足广大居民的休闲健体需求。城市景观环境的功能性特征可以使其明显区别于传统意义上的城市景观。

（4）阶段性

体育公园在规划上已经考虑活动场地的生命周期，在活动内容的安排方面充分考虑了时间、季节的影响和市场需求的变化。内容安排涵盖从开发期到成熟期发展的全过程，以保证体育公园在不同季节、不同发展阶段都有持续的活力。而当活动内容出现衰退时，有关部门可按市场和使用者的需求重新制定或开发新的内容。

（5）安全性

体育公园作为以运动为核心的公园，对安全性的考虑尤为重要。首先，运动设施应该安全环保，须定期进行检修，并设有明显的使用说明和警示标志。其次，针对儿童、老年人及残疾人等特殊人群，活动设施要符合相应的规范尺寸。最后，应有应急医疗配套设施，以便处理紧急事件。

二、城市景观环境资源类型

以西安市为例，根据客观情况和研究需要，笔者将西安市城市景观环境资源统计和归类如下：一是城市标志性建筑景观；二是城市人文环境景观；三是城市景观型公园；四是城市景观绿色廊道和绿化带；五是城市景观绿地小广场。这些城市景观环境资源是城市居民重要的体育健身和休闲娱乐场所，也有助于细化和分析城市景观建设对创建生态良好的城市景观环境的价值。

（一）城市标志性建筑景观

标志性建筑是一个城市的形象代言与发展历程的见证。一个地标性建筑或建筑群，往往因为它的历史地位、历史背景、地理位置、出色的艺术造型和商业发展的特殊价值而形成自己的特色。西安市要想发展为国际化大都市，也应该加强城市标志性建筑景观和标志性建筑景观群的建设。笔者通过对近几年西安市城市规划和建设情况的调查发现，西安在近几年快速发展的过程中一直强化和完善标志性建筑（群）的建设，不论是新规划还是改造原有标志性建筑景观（群），都将其作为重点项目，如拓展和改善标志性建筑景观（群）附近的绿地、广场等环境，无形中为居民提供了体育健身、休闲娱乐的活动场所，居民喜爱的体育活动（如广场舞、太极拳、集体舞、毽球、陀螺等）的开展都得益于身边这些建筑景观的开发。近年来，西安市标志性建筑景观（群）建设有钟鼓楼广场景观群绿化提升工程、西华门东西广场景观建设提升工程、西安城墙与护城河景观群的升级完善工程、大雁塔南北广场的提升工程、高新锦业路（西安摩天高楼集中区）、大唐西市景观群、曲江中央商务区、高新 CBD（中央商务区）等。这些标志性建筑景观（群）的建设和升级不仅美化了城市环境，而且还大大拓展了居民休闲、健身和娱乐的空间，无形中促进了城市公共服务资源的开发和利用。

（二）城市人文环境景观

城市人文环境景观是指人们为了满足自身的精神需求，在自然环境景观的基础上附加人类活动的形态痕迹，集合自然物质和人类文化共同形成的景观，如风景名胜、园林公园等。城市人文环境景观涉及范围广泛，大到对自然环境中各物质要素进行的人为规划、保护利用和再创造，对人类社会文化物质载体的创造等；小到对构成景观元素内容的创造性设计和建造。近年来，随着国家西部大开发战略的逐步推进以及国际化大都市建设的开展，古都西安俏丽的自然风光与颇具人文底蕴的古迹新姿交相辉映，汇集历史和山水人文自然景观，构成古都西安独有的神韵风姿。例如，大唐西市、大明宫遗址公园、钟鼓楼景观群、大慈恩寺遗址公园、大唐芙蓉园、丝绸之路群雕、曲江池遗址公园等人文环境景观群，依附于历史文化遗产的景观背景，作为西安市的重点建设项目得到升级建设，呈现出历史与现代、文化与自然、雕塑与山水浑然一体的魅力景观；将历史遗产保护与传承巧妙结合，为居民展现出历史遗迹、水景喷泉、文化广场、园林景观、文化长廊、旅游商贸设施和谐共处的良好环境，使西安市的城市文化特色更加鲜明丰满，对于提升城市品位和传承历史文化都具有重要作用。

（三）城市景观型公园

城市景观型公园把园林绿化与城市的历史文化底蕴相结合，以遗址保护区和风景名胜区为重点，在建设中强调历史文化元素与自然山水元素的渗透。陕西省人民政府网站数据显示，截至2014年，西安市建成城市景观型公园80个，其中76个已向居民免费开放，之后争取每年建3～5个。例如，2015年建成红光公园、桃花潭公园、洨河公园、高新湖公园等4座公园为西安市增“绿”700万平方米；投资8.9亿元建成清凉山森林公园，占地面积890亩（1亩≈666.7平方米），绿地覆盖率达90%，公园内有休闲广场、观光湖、喷泉，形成了山、水、森林的特色景观；建成浐灞国家湿地公园，为西安市增添一个4700亩的生态聚合点，水面和植被覆盖面积占全园的94%，具有显著的湿地保护、生物群落恢复和自然水面恢复等生态功能；改造公园，如长乐公园，利用参天大树、林荫小道将城市的喧嚣过滤成“鸟鸣山更幽，蝉噪林愈静”的意境。这些公园在建造的同时，充分考虑了居民的生活需求，复合性、综合性强是其共同特点。为了满足民众体育健身、休闲娱乐的多元需求，在规划建设布局方面，西安市充分考虑到建造适合体育活动的各类功能区，极大地满足了人们各类体育活动的需求。

（四）城市景观绿色廊道和绿化带

城市景观绿色廊道和绿化带，主要是以交通为目的的城市道路绿化和规划性的绿地保护带，其对城市环境建设和城市综合功能的发挥具有重要作用。

实地调查显示，西安市为保护绿地公布了永久性的绿地保护范围，而在绿色廊道和绿化带建设时，就将其列入永久性绿地保护名单，如唐城墙遗址公园、大庆路绿化带等；已经建成的 80 处公园、143 条绿化道路、126 个绿地广场也被纳入首批永久性绿地保护名单。这些景观绿化建设，不仅极大地增加了城市景观绿化面积，更在建设过程中规划修建了体育健身路径和小广场等，配备了体育健身设施，部分还进行了区域功能性的划分，让群众的体育锻炼和休闲娱乐场所得到完善和保护，也给周边居民的日常活动带来了方便和实惠，为群众性体育活动的开展和全民健身计划的实施奠定了坚实基础，也进一步加快了西安市景观生态环境和生态文明建设的步伐。

调查结果显示，2014 年西安市已经完成了环城南路、东月路、环山公路景观林带等 140 条新建、改建道路的绿化任务，三环路两侧林带工程建设已全面完成。行走在长安区环山公路，绿黄交错的斑驳树影、高低植被的错落搭配引得不少游人驻足观赏。截至 2015 年，长安区完成城南大道、长安大道、潏河大道等 29 条道路绿化工程，新增绿地面积 29 万平方米；投资 3.1 亿元实施的环山公路长安段绿化改造提升工程，建成绿化面积 66 万平方米，道路绿化已将城市园林景观与乡村生态美景连成一片。

（五）城市景观绿地小广场

近些年，西安市把街头绿地小广场建设作为一项民心工程、重点工程来抓，在城市中心区建筑密集、可供建设用地十分紧缺的情况下，统一规划布局，结合旧城改造、城中村改造和违章、临时建筑拆除等工作，采取市统建与各区自建、市财政直接补贴相结合的方法，全方位开工建设街头绿地小广场。

截至 2014 年，西安市绿地广场累计达到 632 个，成为美化城市的新亮点，西安市已建成鼓楼西广场、环城西苑等一批人文气息浓厚、特色鲜明的街头绿地。2012—2014 年，西安市对城市园林绿化投入资金 53.48 亿元，新增公园绿地面积 1126.9 万平方米，进一步提升了城市绿化景观功能。2015 年，西安市新增绿地面积 700 万平方米，先后建设智慧文化公园、新西安植物园、金辉运动公园等 8 座公园、91 处小广场；通过实施城区增绿量、乡村绿化美化、台塬坡面绿化等十大工程，完成郊区造林绿化 7.5 万亩，新增湿地 6350 亩、生态水面 2800 亩。2016 年，西安市继续加快推进潏河湿地公园、汉城遗址公园、高新湖公园二期、木塔寺遗址公园二期、浐灞广运潭公园建设工作，全面启动尚稷公园建设工作，建成 60 个街头绿地小广场，使人均公园绿地面积再增加 0.5 平方米左右。

随着城市的发展，城市居民对工作和居住环境周边近距离的绿地需求较为迫切。因此，在市区内因地制宜地建设一些具有不同功能的园林绿地，可以满足城市居民生活游憩和观赏的需求，同时对市区环境的调节具有一定的积极作用。绿地小广场景观的建设在一定程度上满足了居民“安居、乐居”的城市梦，是一项实实在在的利民惠民的民生工程，也符合生态城市可持续发展的需要。

第二节　城市景观环境对居民体育活动的影响

一、我国体育资源建设现状

笔者通过对第五次、第六次全国体育场地普查数据公报、《中国群众体育市场专题研究报告 2016》、《2014 年全民健身活动状况调查公报》的资料和国内相关领域研究的权威专家、学者的有关研究数据进行比较分析，得出如下结论。

（一）全国体育场地现状

中华人民共和国成立以来，我国体育事业蓬勃发展，体育场地设施得到了相应的改善。尤其是全民健身计划实施以来，我国体育场地取得了长足的发展，统计显示，全国体育场地总数量在2003—2013年涨幅为99.34%，每万人拥有体育场地数量涨幅为 89.21%（表 3-1）。体育场地的建设和长足发展为全民体育健身提供了最基本、最基础的物质保障。

表 3-1 全国体育场地主要指标 2003—2021 年变化情况

指标	单位	2003 年	2013 年	2003—2013 年增长百分比/%	2018 年	2013—2018 年增长百分比/%	2019 年	2020 年	2021 年	2018—2021 年增长百分比/%
全国体育场地总数量	万个	85.008	169.46	99.34	210.20	24.04	354.40	371.34	397.14	88.93
全国体育场地总面积	亿平方米	13.3	19.92	49.77	26.61	33.58	29.17	30.99	34.11	28.18
人均体育场地面积	平方米	1.03	1.46	41.75	1.91	30.82	2.08	2.20	2.41	26.18
每万人拥有体育场地数量	个	6.58	12.45	89.21	15.06	20.96	—	—	—	—

数据来源：国家体育总局。

《第五次全国体育场地普查数据公报》显示，截至 2003 年 12 月 31 日，全国共有体育场地 850 080 个，场地面积为 13.3 亿平方米。以 2003 年 12 月 31 日全国总人口 129 227 万人（不含港澳台地区）计算，平均每万人拥有体育场地 6.58 个，人均体育场地面积 1.03 平方米。《第六次全国体育场地普查数据公报》显示，截至 2013 年 12 月 31 日，全国共有体育场地 169.46

万个，场地面积 19.92 亿平方米。以 2013 年 12 月 31 日总人口 13.61 亿（不含港澳台地区）计算，平均每万人拥有体育场地 12.45 个，人均体育场地面积 1.46 平方米。对比第五次全国体育场地普查数据，10 年间全国体育场地增加了 84.452 万个，将近翻了一倍，全国体育场地面积增加 6.62 亿平方米，平均每万人拥有体育场地数量增加 5.87 个，人均场地面积增加 0.43 平方米。在 82 种主要体育场地类型中，数量排名靠前的体育场地分别是篮球场（59.64 万个，占 36.32%）、全民健身路径（36.81 万个，占 22.41%）、乒乓球场（14.57 万个，占 8.87%）、小运动场（8.91 万个，占 5.42%）、乒乓球房（馆）（4.87 万个，占 2.97%）。

2018 年 8 月 2 日，在第十个“全民健身日”，国家体育总局在北京发布《中国群众体育发展报告（2018）》。此报告数据显示，截至 2018 年底，全国体育场地总数量为 210.20 万个，人均场地面积达到 1.91 平方米，相较 2013 年全国普查的数据有了更大增长。2013—2018 年，全国体育场地总数量增幅为 24.04%，全国体育场地总面积增幅为 33.58%，人均体育场地面积涨幅为 30.82%，每万人拥有体育场地数量涨幅为 20.96%。

2021 年国家体育总局体育经济司发布了《2020 年全国体育场地统计调查数据》。数据显示，截至 2020 年底，全国体育场地总数量为 371.34 万个，全国体育场地总面积为 30.99 亿平方米，人均体育场地面积为 2.20 平方米。其中，人均体育场地面积较 2019 年的 2.08 平方米增长 0.12 平方米，全国体育场地总数量较 2019 年的 354.40 万个增长 16.94 万个。在体育场地类型中，数量排名靠前的体育场地分别是篮球场（100.58 万个）、全民健身路径（87.12 万个）、乒乓球场（83.50 万个）。

2021 年 4 月，国家发展改革委、体育总局联合印发《“十四五”时期全民健身设施补短板工程实施方案》。该方案指出，“十三五”以来全民健身国家战略深入实施，城乡全民健身场地设施明显改善，到 2020 年底，人均体育场地面积达到 2.20 平方米，新增社会足球场地超过 2 万块。2018—2021 年，全国体育场地总数量涨幅为 88.93%，全国体育场地总面积增幅为

28.18%，人均体育场地面积涨幅为 26.18%。

该方案指出，到 2025 年，全国人均体育场地面积超过 2.6 平方米，每万人拥有足球场地数量达到 0.9 块，全国社会足球场地设施建设专项行动重点推进城市等有条件的地区每万人达到 1 块以上，形成供给丰富、布局合理、功能完善的健身设施网络。

尽管近些年我国体育场地发展迅速，但是我国由于体育事业起步晚、起点低，又是十几亿人口基数的大国，在体育场地方面与一些国家相比，差距显著，如：虽然我国人均体育场地面积 2003—2013 年涨幅为 41.75%，但截至 2013 年底我国人均体育场地面积仅为 1.46 平方米，而日本、美国的人均体育场地面积分别为 19 平方米和 16 平方米（图 3–1）。由此可见，我国体育场地存在显著的发展不充分的问题，可供居民锻炼的体育场地严重不足。

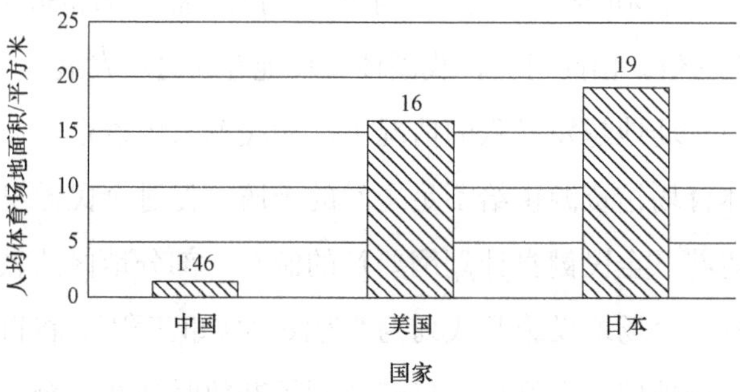

图 3–1　各国人均体育场地面积比较

从全国体育场地的区域分布情况来看（表 3–2），东部地区省（自治区、直辖市）均场地数量为 7.11 万个，省（自治区、直辖市）均场地面积为 0.94 亿平方米；西部地区省（自治区、直辖市）均场地数量为 3.55 万个，省（自治区、直辖市）均场地面积仅为 0.36 亿平方米；东部地区省（自治区、直辖市）均场地数量是西部地区的 2 倍，东部地区省（自治区、直辖市）均场地面积是西部地区的 2.6 倍。

表 3-2　东部、中部、西部和东北地区体育场地分布情况[①]

地区	省（自治区、直辖市）数量/个	场地数量/万个	省（自治区、直辖市）均场地数量/万个	场地面积/亿平方米	省（自治区、直辖市）均场地面积/亿平方米
东部	10	71.10	7.11	9.38	0.94
中部	6	40.39	6.73	4.18	0.70
西部	12	42.63	3.55	4.28	0.36
东北	3	10.12	3.37	1.65	0.55
合计	31	164.24	5.30	19.49	0.63

注：合计不含港澳台数据。

结合《第六次全国体育场地普查数据公报》，从表 3-2 中的数据我们可以看出，东部、中部地区无论是省（自治区、直辖市）均场地数量还是省（自治区、直辖市）均场地面积，均高于全国平均值，而西部和东北两组数据均远低于全国平均值。由此可见，我国体育场地存在区域发展不平衡的现象。

在城市健身场地越发紧张的情况下，为缓解人民群众日益增长的体育健身需求与体育场馆资源供给不足之间的矛盾，促进全民健身运动的普及和发展，伴随着《全民健身计划纲要》的颁布，部分地区的教育局和教体局将推进学校体育场地设施开放列为“为民办实事工程”，将符合条件的城区学校的体育场地向社会开放。尽管遇到了开放时间和安全、卫生等方面的问题，但学校体育场地对外开放受到广大居民的好评，城市居民的日常健身锻炼在一定程度上得到保证，加之“15 分钟健身圈”的提出与规划建设，更是大大促进了全民健身的开展。场地设施得到保证，使我国朝着实现真正意义上的体育大国和体育强国大踏步前进。

《第五次全国体育场地普查数据公报》显示，在我国现有体育场地（不含新疆生产建设兵团、解放军系统、武警系统和铁路系统）中，分布在校

① 数据来源：《第六次全国体育场地普查数据公报》。

园的有 549 654 个，占全国体育场地总数的 67.7%；分布在机关企事业单位楼院内的有 75 033 个，占全国体育场地总数的 9.2%；其余依次为乡（镇）村 66 446 个、占 8.18%，居住小区 39 477 个、占 4.86%，厂矿 28 198 个、占 3.47%，其他 22 074 个、占 2.67%，老年活动场所 13 842 个、占 1.64%，宾馆饭店 7195 个、占 0.89%，公园 5712 个、占 0.7%，广场 4987 个、占 0.61%。从以上数据我们可以看到，校园的体育场地数量占总数的 67.7%，而社会体育场地的数量只占 32.3%，可见群众体育场地资源不足。2005 年，时任国家体育总局局长助理冯建中表示，尽管近 10 年来，我国体育场地的建设取得了显著成就，但从体育场地本身和其分布来看，还存在一些问题：一是体育场地设施数量少，质量不高。二是体育场地的开放和利用少。我国学校体育场地对外开放率较低，仅为 29.2%，而且这些开放的体育场地的利用率也不高。三是公共体育场地少。当时，我国平均每万人拥有开放的体育场地数量仅为 2.59 个，远远不能满足人民群众健身活动的需要。

（二）全国生态体育潜在资源现状

生态体育资源是能够为体育运动的开展服务或者能被体育运动所利用的一切自然资源，包含城市森林、草地、绿色廊道（城市交通道路绿化）、水域及其他能提供自然生态系统服务功能的景观环境系统。生态体育资源建立在国家现有生态资源的基础上，因此，国家现有生态资源就是生态体育资源建设的潜在资源。

然而，从生态体育潜在资源的现状来看，无论是城市建成区绿化覆盖率，还是地表水资源和森林覆盖率，全国各地均有所不同。如图 3–2 所示，2014 年全国 14 个城市建成区绿化覆盖率低于全国平均值，10 个城市人均公园绿地面积显著高于全国平均值。从全国地表水资源的区域分布来看（表 3–3），中部、西部地区的省（自治区、直辖市）均地表水资源量显著高于东部和东北地区，西部和东北地区的省（自治区、直辖市）均森林覆盖面积显著高于东部和中部地区。由此可见，国家现有生态体育潜在资源也存在着分布不平衡的问题。

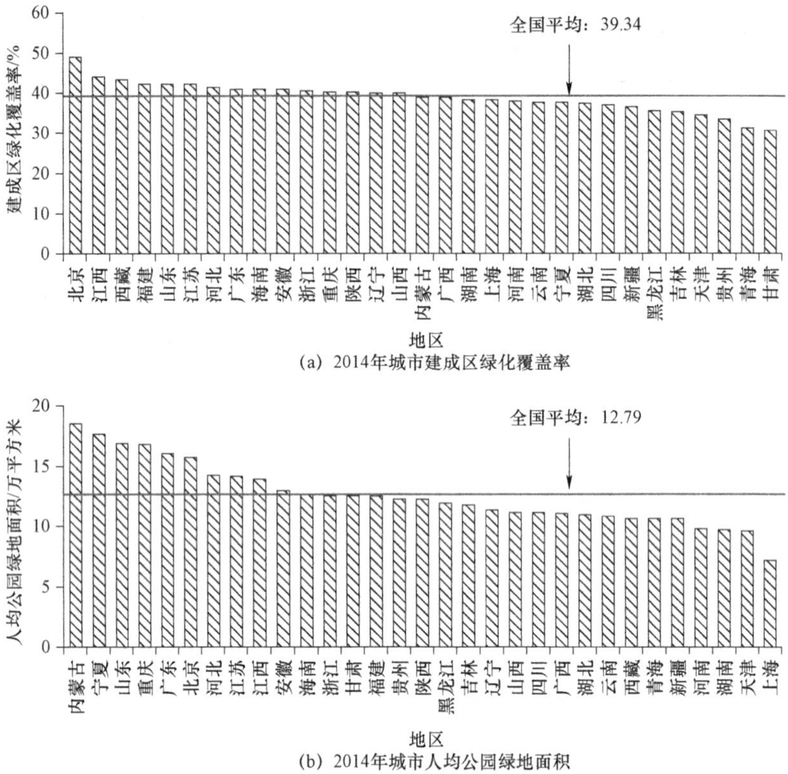

图 3-2　2014 年城市建成区绿化覆盖率和人均公园绿地面积[①]

表 3-3　东部、中部、西部和东北地区地表水资源量及森林覆盖面积情况[②]

地区	省（自治区、直辖市）数量	地表水资源量/亿立方米	省（自治区、直辖市）均地表水资源量/亿立方米	森林覆盖面积/万公顷	省（自治区、直辖市）均森林覆盖面积/万公顷
东部	10	6397.8	639.78	3578.92	357.89
中部	6	6047.4	1007.9	4003.79	667.29
西部	12	14 991.5	1249.3	13 428.54	1119.5
东北	3	1263.1	421.03	3407.09	1135.7
合计	31	28 699.8	925.8	24 418.34	787.69

注：合计不含港澳台数据。

① 资料来源：《中国城市统计年鉴》(2014)。

② 森林覆盖面积数据来自中国林业网数据库，地表水资源量数据来自人地系统主体数据库。

（三）城市居民体育健身活动场地、基础设施分析

《中国群众体育市场专题研究报告 2016》显示，2014 年中国居民主要健身场所占比排序如下：单位或小区的体育场所（23.7%），广场（场院）（16.9%），体育场馆（15.3%），公路街道边（11.9%），公园（10.9%），住宅小区空地（7.0%），其他（14.3%）。20 岁及以上人群在各种场所进行体育锻炼的人数占比排序如下：公共体育场所（18.4%），健身路径（15.5%），广场、场院的空地（15.1%），自家庭院或室内（12.8%），单位或社区的体育场所（12.0%），住宅社区的空地（9.2%），公路旁（7.6%），公园的空地（5.4%），健身会所（3.6%），其他（2.5%）。[①]这一报告表明，年轻人更愿意参加体育锻炼，公共体育场所是群众体育锻炼的主要场所。

根据以王凯珍为项目负责人实施的北京市第三次群众体育现状调查，北京市居民参加体育活动较为集中的六大场所如下：住宅小区空地，占 30.1%；公园，占 28.8%；住宅小区体育场地，占 27.6%；自然区域，占 17.7%；公路旁，占 16.4%；广场，占 16.2%。由此可见，居住区周围的场所和公园更受体育活动者的青睐。学校的体育场地设施数量最多，但使用的人数仅占 0.7%，学校体育场地设施的开放使用还有很大的潜力。北京市居民希望今后增加的体育活动场地类型前 5 名依次为住宅小区体育场地、公园、公共体育场馆、住宅小区空地、自然区域。

该调查显示，住宅小区体育场地、公园、自然区域的使用比例和希望增加比例均较高，且希望增加比例明显高于现有使用比例，说明这类场地在满足居民健身活动场地需求方面发挥着重要作用，且有较大的增长空间，建议稳步增加住宅小区体育场地、公园、自然区域内体育活动场地的供给。

这和文献中专家、学者关于城市居民健身场所选择需求的研究排序没有较大差别，但通过比较还是能发现一些变化，即选择公园或广场、住宅小区场地、收费场所的人的数量有了较大提升（图 3–3、图 3–4）。

---

① 资料来源：Analysys 易观–国家体育总局体育科学研究所。占比总和大于 100%。

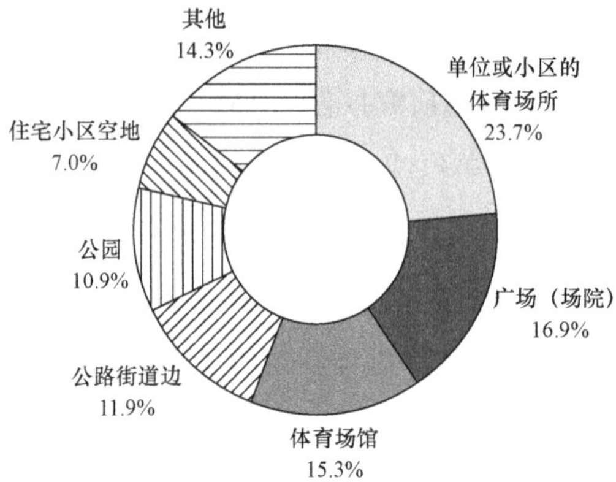

图 3-3　2014 年中国居民主要健身场所所占百分比①

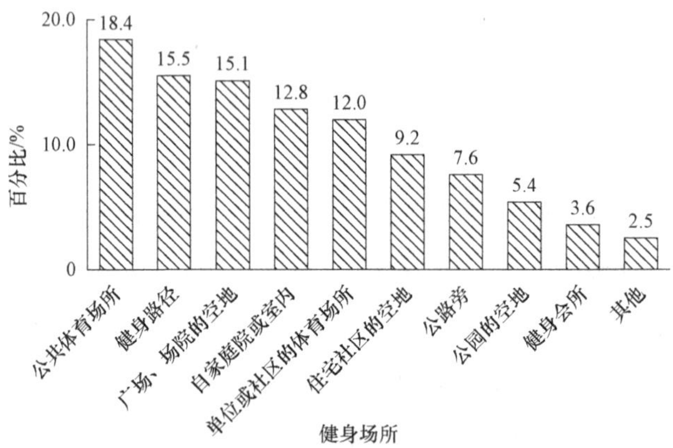

图 3-4　2014 年 20 岁及以上人群在各种场所进行体育锻炼的人数百分比②

二、城市体育资源建设现状

作为十三朝古都，西安市拥有丰厚的历史文化资源，建设开发和拟建设的各种类别的遗址公园随处可见；西安市被山水森林、旅游等资源优越的秦岭所环绕，拥有丰富的自然资源。近几年，西安市人民政府在城市规划和建设方面，充分利用丰富优越的山水生态资源，提升城市生态化发展，

① 资料来源：Analysys 易观-国家体育总局。

② 资料来源：Analysys 易观-国家体育总局体育科学研究所。

突出依水建林、以林涵水的特色，同时，依山依水配备体育场地设施；目前已建成曲江遗址、浐灞、汉城湖、昆明湖、雁鸣湖等多个湿地公园，以及多条环山骑行、步行健身绿道，并在这些场所合理配备健身设施和健身路径，为居民提供生态绿色健身场所。

（一）西安市绿地建设投入概况

以 2009 年 9 月为时间节点，绿色开始成为西安市城市建设的主色调。2009 年 9 月以前，有 239 个绿地广场建成使用。2009 年 9 月之后，西安市新增小广场 40 个（表 3–4），投资达 2677 万元，每个广场的绿化面积为 500～4000 平方米，且多集中在 1000 平方米，投资为 20 万～30 万元。

表 3–4　2009 年 9 月之后西安市各行政区新建小广场面积、投资情况一览表[①]

行政区名称	新增小广场数量	小广场绿化面积			面积/平方米	投资额/万元
		1000 平方米以下	1000～2000 平方米	2000 平方米以上		
曲江新区	1	0	1	0	800	350
新城区	11	8	2	1	10 325	207
灞桥区	4	0	1	3	26 000	511
碑林区	3	2	1	0	2700	54
莲湖区	6	0	5	1	26 700	534
雁塔区	4	1	3	0	4250	85
未央区	5	0	2	3	22 000	666
长安区	4	0	2	2	8500	170
市新建及恢复	2	0	1	1	5000	100
合计	40	11	18	11	93 257	2677

① 资料来源：《华商报》，2009 年 10 月 30 日。

（二）西安市“五年”规划期间城市绿化概况

“九五”期间（1996—2000年），西安市城市绿化覆盖率为33.29%，人均公共绿地面积为3.12平方米。

“十五”期间（2001—2005年），西安市城市绿化覆盖率为35.06%，人均公共绿地面积为5.04平方米，城市建成区园林绿地面积为3956公顷（1公顷=10000平方米），公共绿地面积为1391.2公顷，建成区绿地率达21.15%，总投资约为60亿元。

“十一五”期间（2006—2011年），数据暂缺失。

“十二五”期间（2012—2017年），截至2014年，西安市新增园林绿地6937公顷，年均新增2300公顷，城市建成区园林绿地面积增加了3895公顷。2012—2014年，西安市对城市园林绿化投入资金达53.48亿元，其中财政投资15.63亿元，新增公园绿地面积1126.9万平方米，进一步完善了城市绿化景观功能，推进了城市生态建设；2015年城市建成区新增绿地不少于400万平方米。

2016年，西安市继续加快推进潏河湿地公园、汉城遗址公园、高新湖公园二期、木塔寺遗址公园二期、浐灞广运潭公园建设工作，全面启动尚稷公园建设工作，建成60个街头绿地小广场，使人均公园绿地面积再次增加0.5平方米。

《2022年西安市政府工作报告》显示，“十三五”期间，西安市小雁塔遗址公园、易俗社文化街区完成改造，汉长安城未央宫国家考古遗址公园对外开放，明德门遗址保护展示工程顺利完工，大唐不夜城步行街、城墙景区成功创建首批国家级夜间文化和旅游消费聚集区。西安市入选全国第一批城市更新试点，新建和改造提升绿地广场、“口袋公园”169个，新建绿道511公里，新增城市绿地1618万平方米。城市生态空间得以拓展，“推窗见绿、出门见园”已成为居民生活的真实写照。陕西省住建厅表示，2021年制定出台《陕西省城市精细化管理“十四五”规划》，把加快城市“口袋公园”建设作为“十四五”期间全省园林绿化建设重点工作予以推进，积极打造城市生活的绿色空间，指导各地见缝插针地开展建设，以解决高密度城市中心区居民对公园的需求。

（三）城市生态环境建设中健身设施场地的改善

西安市在城市公园、绿地小广场、绿色廊道、绿化带建设过程中，逐步融入体育元素。在对城市绿化的改造过程中，西安市对老旧社区体育设施进行补充和提升，以打造城市“15 分钟健身圈”为目标，建设好群众身边的健身设施；城市公共区域广场、绿色生态公园，为城市居民提供了休闲活动的空间；广场舞、太极拳、健身操、轮滑、陀螺、毽球等群众性体育项目的开展，使城市标志性景观环境、城市人文生态景观环境与城市体育活动有机地结合起来，推动了城市体育的发展和体育人口的增加，也促进了全民健身运动的开展和普及。同时，以大型健身园区为重点，实施“亮点工程”，如在城东灞桥区新规划建设“西安市体育运动中心”，占地面积 600 亩，基本配套设施包括室外田径场、室外足球场、室外篮球训练场、室外游泳池、室内跳水游泳馆、室内综合比赛训练馆、水上训练中心等。依托中心场馆和体育资源，打造集体育竞赛、训练、健身、表演等多种功能于一体的体育运动休闲产业园区，以满足西安市举办大型体育赛事的需求。西安市针对护城河遗址公园，在护城河水域和植被生态化的基础上，设置了健身步道，安放了乒乓球台等活动设施，使健身设施和生态环境融合发展，使这里成为附近居民健身的好去处。

西安市部分特色鲜明的历史人文景观主题公园概况调查见表 3–5，西安市部分免费公园、广场及体育健身活动情况调查见表 3–6。

表 3–5　西安市部分特色鲜明的历史人文景观主题公园概况调查

公园名称	占地面积	主题及特色、已举办体育赛事	体育设施情况	收费情况
唐城墙遗址公园	540 亩	集诗歌欣赏、美学体验、生态休闲于一体的唐文化艺术长廊；举办全国竞走冠军赛、全国自行车分段赛等比赛	运动健身器械、场地设施完备，有运动跑道、运动广场、篮球场、网球场等；适合举办小型体育赛事	篮球场、网球场收费，其他免费

续表

公园名称	占地面积	主题及特色、已举办体育赛事	体育设施情况	收费情况
唐大慈恩寺遗址公园	1000多亩	以大雁塔北广场为核心，形成了集古迹保护、生态工程、文化旅游、园林休憩、民风民俗展示于一体的城市生态公园，以“市民、自然、休闲、健康、艺术、享受”为主；目前没举办过体育赛事	无运动健身器械、场地与运动跑道，有适合举办体育赛事的广场以及运动健身休闲绿色廊道和绿色小广场	免费
曲江池遗址公园	471亩	集历史文化保护、生态园林、山水景观、休闲旅游、民俗传承、艺术展示于一体的开放式城市生态文化公园；已举办过多届李宁10公里路跑联赛西安站、两届民间马拉松等体育赛事	有环形健身跑道、专门的健身器材区和运动休闲区等区域；适合举办体育赛事	免费
大明宫国家遗址公园	保护改造规划总面积为19.14平方千米	发展定位是以大明宫遗址保护改造和展示盛唐文化为特色，建设集文化、旅游、商贸、居住、休闲服务于一体的，具有国际水准的城市新区；已举办过多届西安市广场舞、太极拳、紫薇地产10公里路跑等各类多项比赛	运动健身器械、场地设施完备，有适合的运动跑道和大型运动广场；较适宜开展大型体育赛事活动	免费
汉城湖公园	湖面面积850亩，园林面积1031亩	集防洪保安、园林景观、水域生态、文物保护和都市农业灌溉于一体的特色生态公园；已成功举办过多届龙舟比赛和健康跑等比赛	运动健身器械、场地设施完备，有适合的运动跑道和大中型运动广场；较适宜开展大中型体育赛事活动	免费

表3-6 西安市部分免费公园、广场及体育健身活动情况调查

公园名称	公园性质	体育设施建设概况	群众体育活动开展概况	收费情况
兴庆公园	大型综合性生态公园	占地780亩，西安市最大的城市公园；有绿色景观长廊、休闲小广场、健身路径、健身器材区、乒乓球运动区	早、晚健身人群较多；开展项目有跑步、健身走、广场舞、集体舞、太极拳和其他武术、毽球、乒乓球、羽毛球、陀螺、钓鱼等	免费

续表

公园名称	公园性质	体育设施建设概况	群众体育活动开展概况	收费情况
劳动公园	综合性公园	1964年改造而成；集植物观赏、体育健身、娱乐休闲于一体的综合性公园；有绿色景观长廊、休闲小广场、健身路径、健身器材区、乒乓球馆、羽毛球馆	早、晚、周末健身人群较多；开展的项目有跑步、健身走、广场舞、集体舞、太极拳和其他武术、乒乓球、羽毛球、钓鱼等	乒乓球馆、羽毛球馆收费，其他免费
长乐公园	园林式公园	始建于1956年，投资1505万元，占地面积 333.33 亩；集休闲、健身、娱乐于一体的园林式公园；有绿色景观长廊、休闲小广场、健身路径、健身器材区	早、晚健身人群较多；开展的项目有跑步、健身走、广场舞、太极拳和其他武术等	免费
大明宫国家遗址公园	大型综合性生态公园	总面积为 19.14 平方千米，集文化、旅游、商贸、居住、休闲服务于一体的大型综合性生态公园；有绿色景观长廊、休闲小广场、健身路径、健身器材区	早、晚健身人群较多；开展的项目有跑步、健身走、集体舞、武术、太极拳和其他武术、陀螺、毽球等	免费
汉城湖公园	生态式休闲公园	湖面面积850亩，园林面积1031亩，是集防洪保安、园林景观、水域生态、文物保护和都市农业灌溉于一体的生态式休闲公园；有绿色景观长廊、休闲广场、健身路径等适合体育活动的场所	早、晚、节假日休闲人群较多；开展的项目有跑步、健身走、广场舞、太极拳和其他武术、钓鱼、陀螺、毽球等	免费
浐灞国家湿地公园	绿色湿地生态式公园	投资总额 15.7 亿元，湿地区域围绕长安等自然历史文化景观的恢复和展示，在生态区乃至西安市湿地生物多样性恢复和生态环境保护方面具有重大意义；有运动跑道、中大型绿色广场等运动场地	健身人群数量一般；开展的项目有跑步、健身走、骑行、广场舞、太极拳和其他武术、钓鱼等	免费
青龙寺遗址公园	生态式休闲公园	占地 20 多亩，集遗址、寺庙、公园、博物馆、茶社等于一体的历史文化景区；有绿色景观长廊、休闲小广场、健身路径、健身器材区	早、晚健身人群较多；开展的项目有跑步、健身走、广场舞、太极拳、陀螺、毽球等	免费

续表

公园名称	公园性质	体育设施建设概况	群众体育活动开展概况	收费情况
清凉山公园	生态式休闲公园	占地面积 67.4 公顷，集文化、旅游、休闲、娱乐于一体的生态式休闲公园；有绿色景观长廊、休闲小广场、健身路径、健身器材区	早、晚健身人群较多；开展的项目有跑步、健身走、太极拳和其他武术、陀螺、毽球等	公园免费，娱乐设施另外收费
西安环城公园	综合性开放式公园	建于 1982 年，明清西安城墙、护城河、环城林带三位一体的立体化公园，具有独特的风貌，是西安独有的公园景观；有绿色景观长廊、休闲小广场、健身路径、健身器材区	早、晚健身人群较多；开展的项目有跑步、健身走、广场舞、集体舞、太极拳和其他武术、柔力球、民族舞、陀螺、毽球、乒乓球、羽毛球等	免费
文景公园	综合性公园	总面积 439.5 亩，公园内设环山河系、文景阁、生态湿地水池等功能区，其中生态湿地水池占地面积 44.5 亩，依据季节种植有多种水生植物，与观景涉水平台一起形成了系统湿地景观，以满足西安市民休闲娱乐、观光旅游、文化交流等多种需求	早、晚健身人群较多；开展的项目有跑步、健身走、操舞、太极拳、跳绳、陀螺等	免费
革命公园	休闲生态式公园	建于 1927 年，面积 150 亩，休闲生态式公园；有绿色景观长廊、休闲小广场等	早、晚、周末健身人群较多；开展的项目有跑步、健身走、太极拳、钓鱼、陀螺、毽球等	免费
大雁塔北广场	健身休闲式广场	建成时间 2003 年，面积 252 亩；整个广场由水景喷泉、文化广场、园林景观、文化长廊和旅游商贸设施等组成；有景观长廊、休闲广场、健身路径	早、晚、节假日休闲人群较多；开展的项目有跑步、健步走、放风筝、健身舞等	免费
钟鼓楼广场	健身运动休闲广场	建于 1998 年，面积 2.18 公顷，是西安市一大景观，也是一项古迹保护与旧城更新的综合性工程；有健身运动休闲广场	早、晚、节假日休闲人群较多；开展的项目有跑步、健身走、太极拳、陀螺、毽球等	免费

第三节　居民体育活动对城市景观环境的需求

一、我国城市居民健身环境需求现状分析及城市居民健身需求调查

（一）我国城市居民健身环境需求现状分析

1. 我国城市居民健身环境需求现状

没有全民健康，就没有全民小康。党和国家历来重视全民健康，早在中华人民共和国成立初期，毛泽东同志就曾题词“发展体育运动，增强人民体质”。2014 年 10 月 20 日，国务院印发了《关于加快发展体育产业促进体育消费的若干意见》，首次提出将全民健身上升为国家战略。2015 年，党的十八届五中全会审议通过《中共中央关于制定国民经济和社会发展第十三个五年规划的建议》，将建设健康中国正式上升为国家战略，特别提出“发展体育事业，推广全民健身，增强人民体质”。2016 年 6 月，国务院印发的《全民健身计划（2016—2020 年）》指出，实施全民健身计划是国家的重要发展战略；要以增强人民体质、提高健康水平为根本目标，以满足人民群众日益增长的多元化体育健身需求为出发点和落脚点。2017 年 10 月 18 日，习近平总书记在党的十九大报告中指出，实施健康中国战略。人民健康是民族昌盛和国家富强的重要标志。

从上述这些陆续出台的方针和政策我们可以看出，党和国家致力于全民健身和全民健康的深度融合，这意味着将实现全民健康的侧重点引向前端，即引导全体人民向不得病、少得病的方向努力，而作为前端的全民健身工作的重要性毋庸置疑。通过实施全民健身战略，营造重视体育、支持

体育、参与体育的社会氛围，可增强人民体质，提高人民健康水平，发展体育产业，促进体育消费，不断满足人民群众日益增长的体育需求，实现体育强国和健康中国的战略目标。在这些政策的引领和推动下，全民健身需求势必出现大规模的提升。

另外，随着生存环境和生活、工作方式的变化，人们的身体健康状况受到威胁，这也促使了人们健身锻炼需求的高涨。城镇化的人变成了一种久坐不动的人，现代人的体力在渐趋弱化的同时还要遭受各种慢性疾病的威胁，健康成为现代人最迫切的需求，而健身锻炼是最重要的健康维护手段。

体育健身需求是人们愿意并且能够购买或免费获得体育健身产品或服务的内在动力。构成体育健身需求的因素包括两个方面：一是需求欲望；二是需求能力。二者缺一不可。其中，需求能力又包括两个方面：一是人们对体育健身产品和服务的购买力；二是人们所拥有的体育健身方面的知识和技能，如运动技术、健身知识、锻炼方法等。近几年，我国居民健身需求出现上扬态势，《2014 年全民健身活动状况调查公报》的数据显示，2014 年全国经常参加体育锻炼的人数占全国总人数的 33.9%，较 2007 年的 28.2%提高 5.7%。《2020 年全民健身活动状况调查公报》的数据显示，2020 年，我国 7 岁及以上居民中经常参加体育锻炼的人数的比例为 37.2%，比 2014 年增加 3.3%；乡村经常参加体育锻炼的人数比例的增长幅度超过城镇，中部和西部地区的增长幅度超过东部地区，城乡和地区的差异呈现缩小趋势。预计到 2030 年，我国经常参加体育锻炼的人数占全国总人数的比例将提高到 52.7%（图 3–5）。

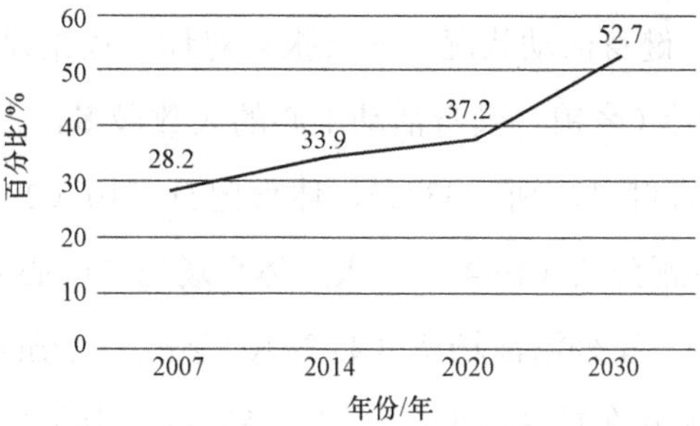

图 3–5　我国经常参加体育锻炼人数占全国总人数的比例

《2014 年全民健身活动状况调查公报》关于体育健身场所的统计（表 3–6）显示，20～39 岁人群在公共体育场馆进行体育锻炼的人数较多，其中，20～29 岁人群占比为 31.0%，30～39 岁人群占比为 20.1%；40 岁及以上人群在“广场、场院的空地”锻炼的居多，其中 50～59 岁人群占比为 19.4%；在“自家庭院或室内”进行锻炼的各年龄组人数比较均衡；50 岁及以上人群到“健身会所”进行锻炼的占比最低，不足 1%。

表 3–6　20 岁及以上人群各年龄组在不同健身场所锻炼的人数百分比

单位：%

健身场所	20～29 岁	30～39 岁	40～49 岁	50～59 岁	60～69 岁	70 岁及以上
公共体育场馆	31.0	20.1	14.0	13.1	10.2	8.9
健身路径	11.1	14.6	16.5	17.0	18.3	19.2
单位或社区的体育场所	12.4	13.5	12.0	10.8	10.6	9.4
健身会所	7.8	4.9	2.4	0.9	0.8	0.4
自家庭院或室内	11.7	13.7	13.6	11.2	13.3	14.0
广场、场院的空地	11.1	13.9	16.0	19.4	16.8	14.9
住宅社区的空地	6.5	8.0	9.6	10.7	11.6	13.2
公路、街道边的空地	4.7	6.7	8.3	9.0	9.4	12.0
公园内的空地	3.2	4.2	5.7	6.3	8.7	8.3
其他	2.6	2.7	2.8	2.4	2.0	1.8

《2014 年全民健身活动状况调查公报》对体育场馆建设需求的调查显示，希望建设社区（乡镇）健身活动中心的人数最多，占比为 65.2%，其他依次为建设综合健身场所（33%）、体育健身广场（29.6%）、健身路径（21.7%）、体育主题公园（16.4%）、大型体育场馆（中心）（13.6%）、室内游泳场馆（6.6%）、室外游泳场所（4.4%）、笼式运动场(1.7%)。绝大多数人希望将健身场所建在社区附近，占比为 87.5%，其他依次为公园绿地附近（26.4%）、学校附近（18.4%）、自然山体附近（10.9%）、大型公共建筑附近（7.0%）、城市中心（5.6%）、商业区（4.0%）、文化餐饮娱乐聚集区（4.0%）、滨水场所（1.6%）。选择就近进行体育锻炼的人数最多，各年龄参加体育锻炼的人群中有近 60% 选择距离在 1000 米以内的场所进行锻炼，选择 1000～2000 米的占比近 24%，选择 2000 米以上的占比约 10%。就近选择体育锻炼场所的趋势依然明显，与 2007 年的调查结果一致。

对健身需求的调查显示，近一半的健身人群对场地场馆提出要求，或希望建立配套健身场馆，或希望加大现有体育场馆开放力度。由此可见，锻炼环境及场地场馆资源在一定程度上影响着居民的健身行为，体育环境资源以及体育场地资源数量和质量的改善与提升是民众锻炼所需和所期。

随着我国经济的发展以及全民健身需求的增加，国家加大了体育环境及体育场地设施的规划与建设力度，推动了体育环境及体育场地设施建设。尤其是居民身边“15 分钟健身圈”的建设和逐步落实，更是丰富了群众体育场地设施的供给，极大地缓解了群众体育场地需求与供给不足的矛盾。但经济的快速发展、城镇化进程的加速带来的环境污染问题，工作压力产生的亚健康等身体问题，使希望通过合理的体育锻炼预防疾病的健身人群逐渐增多，这类人群对体育健身的需求猛增。对部分健身爱好者的访谈结果也在一定程度上反映了这一现实，面对不很宽敞的楼下小区环境和免费公园密度极大的休闲人群，缺少适宜的健身环境和健身场所是居民在日常锻炼中遇到的最大的难题。大中城市土地资源宝贵，寸土寸金，闲置的公共空间几乎没有，教育系统的体育场地场馆一直难以对外开放，体育系统和其他系统的体育场地场馆是居民日常健身的主要去处，但存在体育场馆开放的积极性不够且场地使用费用较高等问题，现实情况是大中城市居民健身既难又贵。

截至 2020 年底，我国经常参加体育锻炼的人数比例达到 37.2%，健身人口急剧增多，体育健身需求和健身环境资源发展不平衡、不充分的矛盾仍较为突出，民众“健身去哪儿”的问题还没有得到有效解决，因此综合谋划体育环境资源是关键。尤其是大比例的健身人群喜欢参加的日常性锻炼项目，如户外跑步、户外健身走、自行车骑行、各类健身舞（操）以及太极拳等，这些健身项目都不需要在专门的体育场地和场馆里完成，所以应贯彻《全民健身计划（2016—2020 年）》，利用好城市区域里的水陆空等生态自然资源，挖掘景区、郊区、公共绿地、城市公园、城市广场以及改建扩建城市中闲置的场所为居民健身场地，为民众提供免费或低收费的体育健身去处。

综上所述，在健康中国战略背景下，居民对生活质量的要求越来越高，体育锻炼逐渐成为居民生活不可或缺的一部分，全民健身需求不断上涨，这就要求在城市建设中为居民提供一个适宜的生态体育环境，以便他们能更好地融入全民健身。因此，生态体育资源开发和建设将迎来前所未有的挑战和机遇。

2. 我国城市居民体育人口、健身活动年龄与结构

调查资料显示，随着中国综合国力的逐步提高，越来越多的人参与到体育锻炼活动中来，我国的体育人口增速明显。2000 年，城市居民体育人口占 29.3%，高于全国城乡体育人口 18.3% 的平均水平。通过十多年的发展，到 2014 年中国体育人口占 40%，共有 4.1 亿 20 岁以上的城乡居民经常参加体育锻炼，预计到 2030 年中国体育人口达到 5.3 亿。

2014 年 20 岁及以上各年龄组参加和经常参加体育锻炼人数百分比如图 3-6 所示。其中，20～69 岁参加体育锻炼的人数随着年龄的增长呈现减少趋势，而在 20～69 岁各年龄组中，除 30～39 岁人群外，经常进行体育锻炼的人数呈现出随年龄增大而逐步上升的趋势。

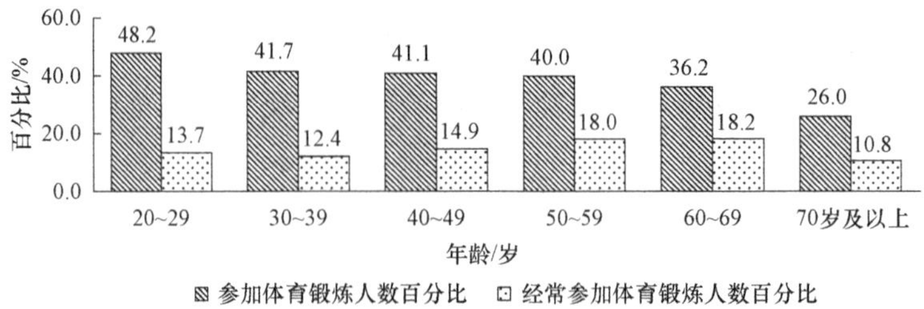

图 3-6　2014 年 20 岁及以上各年龄组参加和经常参加体育锻炼人数百分比

3. 我国城市居民健身活动时间选择

在健身活动时间的选择上，城市居民仍倾向于在周末，以及工作日的晚上和早晨锻炼，锻炼人数分别占总人数的 28%、22%和 21%。而在参加体育锻炼的人群中，不同锻炼频度的人群分布如下：每月不足一次的占 13.9%；每月至少一次，但每周不足一次的占 18.7%；每周 1～2 次的占 27.6%；每周 3～4 次的占 16.0%；每周五次及以上的占 23.8%。在健身活动持续时间的选择上，居民每次参加体育锻炼的时间在 30～60 分钟的人数比例最高，占 52.4%；其次为不足 30 分钟的人数，占 24.7%；有 22.9%的人体育锻炼时间在 60 分钟以上。

以上调研数据与笔者近些年调查的数据，以及从文献资料中获得的全国普查数据和国内专家、学者的研究数据基本一致，说明城市居民体育人口有了较大增长，但在年龄、活动时间和持续时间上没有较大变化。

4. 我国城市居民健身需求动机

笔者通过对《2007 年中国城乡居民参加体育锻炼现状调查公报》《第五次全国体育场地普查数据公报》《第六次全国体育场地普查数据公报》《中国群众体育市场专题研究报告 2016》《2014 年全民健身活动状况调查公报》等资料和王凯珍、仇军等权威专家、学者 2015 年的实地调研有关研究数据进行比较分析，发现城市居民健身需求动机排在前三位的依然是健康需求（增强体力、增进健康），休闲需求（消遣散心、休闲娱乐），交流需求（增加社交机会、与朋友同伴交流）。

《2007 年中国城乡居民参加体育锻炼现状调查公报》《第五次全国体育

场地普查数据公报》中，居民健身需求动机排在前三位的均是增强体力、增进健康，消遣娱乐和精神情趣的修养与改善，增加社交机会、与朋友同伴交流。根据以王凯珍为项目负责人实施的北京市第三次群众体育现状调查，北京市居民参加体育活动前三位的动机是增强体力与健康（31.80%），消遣娱乐（20.23%），防病治病（18.31%）。排在前两位的动机与2008年的调查结果相同，第三位防病治病取代了2008年的提高运动能力。男女参加体育活动的动机有差异，男性偏重提高运动技能、技巧，女性偏重美容、减肥以及塑身和健美。调查数据表明，经过十多年的发展，城市居民健身需求动机仍以休闲娱乐、健身健康为主，变化不大。

北京市第三次群众体育现状调查显示，北京市居民对体育健身服务的首要需求的前三位依次为体育活动场地、体质测量与评定、体育健身组织，次要需求依次为体育健身组织、体育活动场地、科学健身信息。这一结果表明，体育活动场地依然是体育健身服务的主要内容。

5. 我国城市居民体育健身项目选择

如图3-7所示，从2014年参加各种体育锻炼项目人数的调查可以看出，20岁及以上各年龄组参加体育锻炼项目列前四位的是健身走、跑步、广场舞和球类。其中，健身走是20岁及以上各年龄段人群最喜欢的运动项目，随着年龄的增长，这一比重越来越大；跑步和球类在20～59岁的年龄组中，是比较受欢迎的体育锻炼项目；而广场舞则主要集中在30～69岁的年龄组中，尤以50～59岁年龄组为最多。

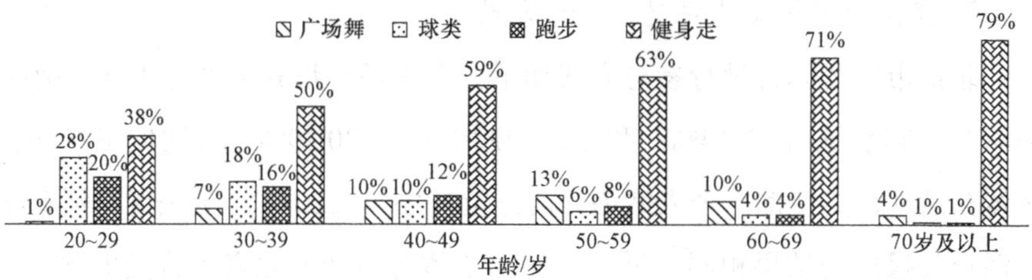

图3-7　2014年20岁及以上各年龄组参加的体育锻炼项目列前四位的人数百分比

根据国家体育总局、智妍咨询整理，2014年和2018年公布的对部分居民锻炼需求的调查显示：6～19 岁人群选择的锻炼项目列前三位的是体育游戏、跑步和篮球，20～29 岁人群选择的锻炼项目列前三位的是健身走、球类和跑步，而 50 岁及以上各年龄组人群主要采用健身走进行锻炼。这与国家体育总局公布的结果基本一致，说明健身走、跑步和球类运动仍是城乡居民主要的体育活动项目。

根据北京市第三次群众体育现状调查，居民参加体育活动的前 8 项内容是健身走、跑步、健身路径、羽毛球、排舞、骑车、乒乓球、门球，前两项体育活动与全国调查结果相同，都是对场地设施依赖程度低、体育技能要求低、体育装备要求低的“三低”项目。健身走、跑步、羽毛球、健身路径、广场舞、游泳是北京市居民最希望参加的 6 种体育活动项目。根据《中国群众体育市场专题研究报告 2016》，群众参与度较高的运动项目依次为跑步、羽毛球、乒乓球、篮球、骑行、足球、游泳等；跑步、骑行项目群众基础广泛，是大众参与度很高的项目，随着马拉松等体育赛事运营力的逐渐增强，这些项目未来商业化潜力巨大。我们从国家体育总局调查统计的 2014 年参加体育锻炼项目的占比数据中可以看到，健身走是 20 岁以上人群采用最多的锻炼项目，球类运动和跑步主要集中在 20～39 岁的人群，广场舞运动则更受到 50～59 岁人群的青睐。在球类运动中，30 岁以下人群更喜爱足球、篮球等大球运动，而 30 岁以上人群参与乒乓球、羽毛球等小球运动的更多。

根据《中国群众体育市场专题研究报告 2016》，城市居民在乐于参与和最希望参加的健身项目的选择上，表现出较大的一致性，健身走、跑步居前两位。

6. 我国城市居民体育健身参与方式

北京市居民体育健身参与方式如下：个人锻炼形式最多，占 41.36%；和朋友一起锻炼占 32.14%；和家人一起锻炼占 20.39%。女性偏重参加社区体育活动，男性偏重个人锻炼，前三位排序与《2014 年全民健身活动状况调查公报》的结果相同。近一年参加了体育活动的北京市居民更倾向于将体育活动场地作为首要需求。

城乡居民参加体育健身活动的基本特征如下：根据国内某一研究机构在

2018年公布的对部分城乡居民参加体育健身活动的基本特征的调查，20岁及以上各年龄组每次参加体育锻炼达到中等强度的人数百分比最高，为62.9%；其次为低强度，为20.3%；还有16.7%的人进行高强度的体育锻炼。随着年龄的增长，采用低强度的人数百分比逐步增加，20～29岁年龄组为14.5%，70岁及以上年龄组为42.2%；而采用高强度的人数百分比逐步下降，20～29岁年龄组为27.0%，70岁及以上年龄组为4.0%（图3–8）。

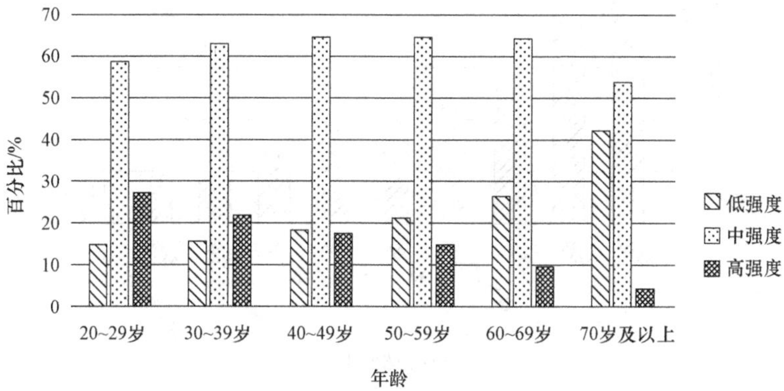

图3–8　20岁及以上各年龄组参加不同强度体育锻炼的人数百分比

城乡居民体育活动的组织管理情况如下：20岁及以上人群体育锻炼的形式主要是“自己练习”和“与朋友、同事一起练习”，百分比分别为38.3%和33.7%（图3–9）。

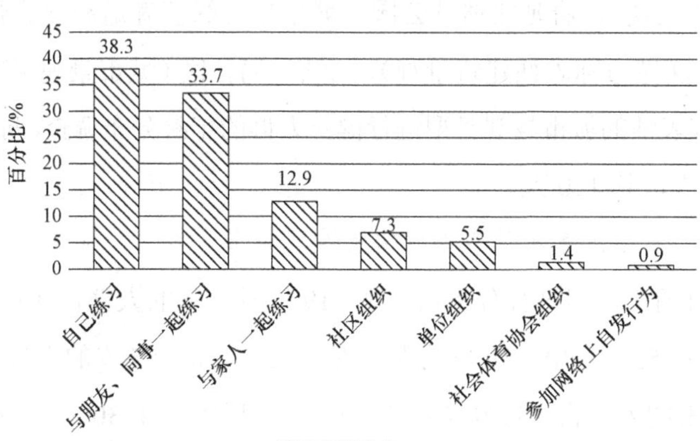

图3–9　20岁及以上人群各种体育锻炼形式的人数百分比

青少年作为一个特殊的健身群体，除了校内基本的体育课程和体育素质锻炼外，校内外的课外体育活动也是非常重要的一环。调查显示，6～19岁儿童青少年在校外经常参加的体育锻炼项目是体育游戏、长跑和篮球，这几个体育项目也是需要一定的体育场地和场馆才能正常开展的（图3–10）。

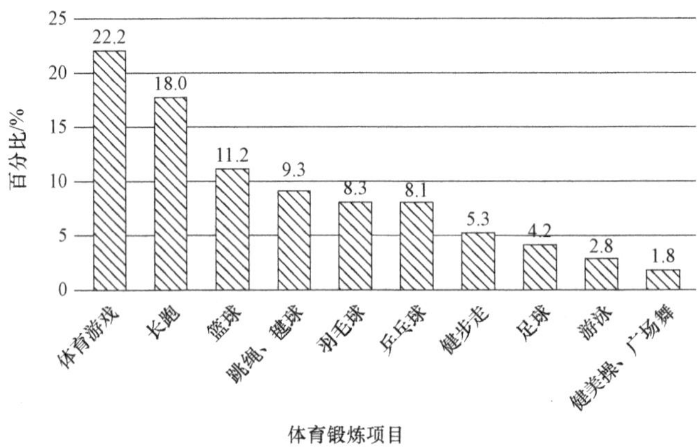

图3–10　6～19岁人群在校外经常参加的体育锻炼项目的人数百分比

（二）城市居民健身需求调查

本部分研究以西安地区城市居民为调查对象，根据调查的需要，在抽样调查时分别对西安市兴庆公园（城市景观型公园）、曲江南湖遗址公园（城市人文环境景观）、唐延路遗址公园（城市景观绿色廊道和绿化带）、大明宫遗址公园（城市标志性建筑景观）、西铁一局社区（城市景观绿地小广场）五个具有代表性的城市景观类型进行健身人群的年龄分布调查，每种类型随机抽取30人，共150人。

1. 城市居民健身人群年龄结构及性别分布

笔者对调查数据进行分析后发现，19岁及以下的人群占3.8%，20～29岁的人群占15.2%，30～39岁的人群占26.2%，40～55岁的人群占33.6%，56岁及以上的人群占15.2%（表3–7）。归类后年龄在30～55岁的中青年构成了城市体育参与的主要群体，他们在工作之余养成锻炼的习惯，主要动机大多是缓解工作压力、调节情绪、娱乐身心、增强体质。另一个重要群体是离退休职工，为了保健养生，也因为有充足的闲暇时间，想在一起交流，不知不觉地爱上了体育锻炼。这两类人群成为城市体育锻炼的主体，也是进行“全民健身”运动的重点对象。20～29 岁的青年群体在调查中占比 15.2%，他们锻炼是因为喜爱体育运动和满足健身需求；19 岁及以下的青少年群体占比 3.8%，究其原因，是应对学校体育课考试和升学测试，也有少部分是纯粹的爱好。另外，笔者在调查中还发现，39 岁及以下人群中，男性被调查者参加体育锻炼的比例要远远高于女性被调查者参加体育锻炼的比例，而 40 岁及以上参加锻炼的女性比例高于男性比例。笔者通过进一步访谈了解到，造成这种现状的原因是 39 岁及以下的男性人群因为爱好体育锻炼，将更多的时间和精力投入日常的体育锻炼，多年以来已经形成了主动锻炼的意识和习惯，并且多数有固定的锻炼项目和锻炼小群体，靠着无形的结盟团队，在相对固定的时间一直坚持运动。而 40 岁及以上的锻炼人群中女性比例高，经访谈及分析得知，40 岁后女性来自家庭、工作及生活的压力逐步减轻，对身体健康的重视程度逐步提高，使其比同龄的男性参与锻炼的积极性高。

表 3-7　调查人群年龄结构及性别分布（*n*=150）

年龄段	性别	总人数	百分比/%	男女人数	占各自年龄段总人数百分比/%
19 岁及以下	男	8	3.8	7	87.6
	女			1	12.4
20～29 岁	男	23	15.2	18	80.3
	女			5	19.7
30～39 岁	男	38	26.2	24	64.9
	女			12	35.1

续表

年龄段	性别	总人数	百分比/%	男女人数	占各自年龄段总人数百分比/%
40～55 岁	男	49	33.6	23	47.7
	女			26	52.3
56 岁及以上	男	32	21.2	15	48.4
	女			17	51.6

2. 城市居民体育活动时间、持续时间分析

图 3-11 显示，城市居民体育活动时间多选择在不上班、相对空闲的周六、周日，占 28%，工作日每早 8 点前和每晚分别占 21%和 22%。因为工作日闲暇时间有限，多数上班族将有限的锻炼时间安排在工作日的上班前和下班后，从对这一锻炼时间的分析可得知，城市居民，不分年龄阶段，锻炼的意识和习惯以及坚持锻炼的行为已悄然形成，这对城市公共体育活动场地设施，尤其是“15 分钟健身圈”提出了更高的要求。

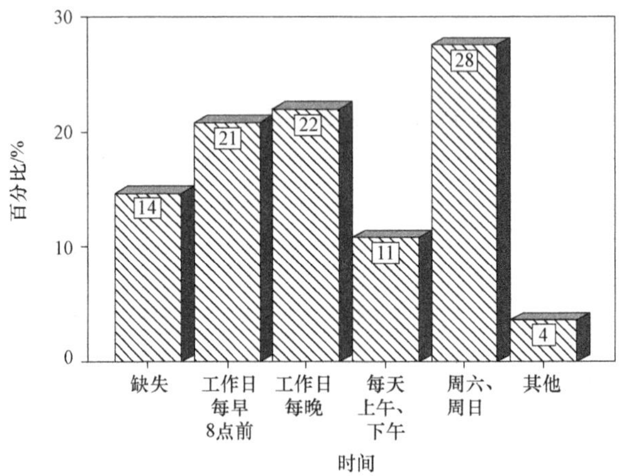

图 3-11　城市居民体育活动时间

图 3-12 反映了城市居民每次体育活动持续时间：44%的城市居民每次锻炼的时间在 1 小时之内，37%的居民每次锻炼的时间为 1～2 小时，每次锻

炼 2 小时以上的只占 19%。锻炼持续时间易受闲暇时间的影响。笔者通过访谈得知，部分锻炼人群，尤其是中青年的上班族，确实是挤时间进行运动。这也从另一个层面表明，随着全民健身计划的深入实施，居民健身意识明显提升。

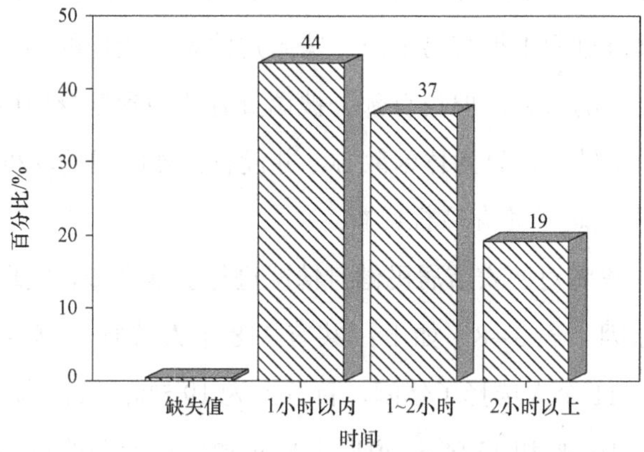

图 3-12　城市居民每次体育活动持续时间

图 3-13 反映了城市居民每周参加体育活动的次数：每周活动时间在 1～2 次的占 44%，每周活动时间在 3～4 次的占 36%，每周活动时间在 4 次以上的只占 16%。

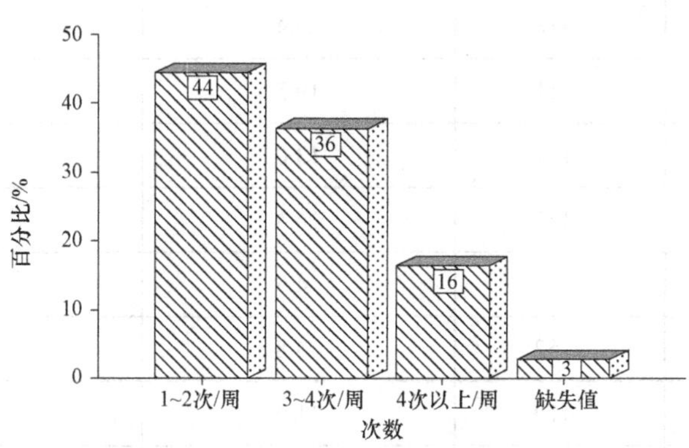

图 3-13　城市居民每周参加体育活动的次数

图 3-11 至图 3-13 基本反映了城市居民每周活动时间安排、每次活动

持续时间以及每周参加体育锻炼的频次情况，说明城市居民进行体育活动每周大多在 4 次以内，每次活动多控制在 2 小时以内，而每次活动时间较集中在周六、周日以及工作日上班前和下班后。被问及运动动机时，大多数被调查者承认，坚持体育健身活动：一是因为身体健康水平每况愈下，选择适当的运动方式不但可以锻炼身体、防病治病，而且还可以陶冶性情；二是因为在健身过程中很容易形成一些固定的志趣相投的小群体，便于创造更多相互交流的机会。但也有部分被调查者认为到健身场所，大多只是偶尔与家人出来转转，只为休闲散心，并没有强烈的运动动机。

3. 城市居民运动健身动机调查

2015 年，笔者对西安市居民健身情况进行实地调查，发现西安市居民参加运动的原因（表 3–8）如下：共有 318 个人选择了健身，百分比为 29.4%；共有 211 个人选择了休闲，百分比为 19.5%；其次为交流和习惯，百分比分别是 16.4%和 13.0%，说明人们参加体育运动的目的较明确，主要是健身、休闲和交流，三者占总体的 65.3%。

表 3–8　西安市居民参加运动的原因（n=1082）

影响因素	人数	百分比/%	排序
健身	318	29.4	1
休闲	211	19.5	2
习惯	141	13.0	4
交流	177	16.4	3
展示	53	4.9	6
受人影响	52	4.8	7
减肥	119	11.0	5
其他	11	1.0	8
合计	1082	100	—

4. 制约城市居民参加健身运动的因素

从表 3–9 我们可以看出，制约城市居民参加健身运动的因素有两类：一是客观因素，即运动环境差（没有气氛、运动场地少）以及自身运动技能差，无人组织、指导，这两项分别占 27.5%和 12.3%；二是主观因素，居民认为“没时间”的占 21.0%，收入低、价格高的分别占 13.6%和 12.7%。其实，认真审视这些制约因素，没时间、没兴趣、没必要、身体差和其他因素只占 33.9%，而占比达到 66.1%的制约因素将随着城市景观环境的改善，尤其是良好运动环境的形成和体育活动场地设施的完备，以及体育社团组织的发展得到消除。这部分被调查者的运动积极性将会得到极大调动，成为城市运动人群的主体。

表 3–9　制约城市居民参加健身运动的因素（n=1082）

影响因素	人数	百分比/%	排序
没时间	227	21.0	2
没兴趣	69	6.4	6
收入低	147	13.6	3
价格高	137	12.7	4
没必要	45	4.2	7
身体差	21	1.9	8
自身运动技能差，无人组织、指导	133	12.3	5
运动环境差（没有气氛、运动场地少）	298	27.5	1
其他	4	0.4	9
合计	1082	100	

5. 城市居民参与体育健身项目的调查

表 3–10 的调查数据表明，不同年龄段的人群，由于生理、心理特点，

从事的体育锻炼项目有明显差异。城市居民经常参加的体育健身项目依次是跑步和散步、健身操、体育舞蹈（广场舞）、球类、太极拳和其他武术、本土项目（陀螺、毽球等）、棋牌等。笔者进行交流访谈后了解到，跑步和散步参加人数最多是因为其不受年龄、场地、时间限制，可随意变换环境和控制时间，运动负荷可以任意调节，长期坚持后能够增强心血管功能，达到减肥、增强体质的目的，是目前最有效、最安全、最便捷的锻炼方式。而健身操、体育舞蹈（广场舞）这两类大众化的运动形式，因为已经逐步形成了相对固定的锻炼人群和场所，且大多数情况下有专人进行组织和指导，容易形成和创造出锻炼氛围，也发展成了参与人群较多的大众体育活动项目。这和文献资料中专家、学者近年来的研究数据相同，说明城市居民在健身项目的选择上没有较大变化。

表 3-10　城市居民参与体育健身项目调查表（n=1082）

项目	人数	百分比/%	排序
健身操	172	15.9	2
球类	149	13.8	4
太极拳和其他武术	140	12.9	5
体育舞蹈（广场舞）	160	14.8	3
跑步和散步	239	22.1	1
棋牌	91	8.4	7
本土项目（陀螺、毽球等）	93	8.6	6
其他	38	3.5	8
合计	1082	100	—

6. 城市居民对体育功能的认知程度

从城市居民对体育功能的认知程度的调查（表 3-11）可以看出，

有82.1%的被调查者认为体育的功能是强身健体，有90.5%的被调查者将体育与人的心理健康联系起来，认为体育活动可以调节情绪，缓解来自生活、工作等的压力，在运动中可以释放不良情绪，特别是对处于亚健康状态的工作人群来说效果较明显。同时，体育在锻炼意志、丰富生活、改善形象和促进人际交往等方面的功能也已逐渐被广大市民所认可和重视。

表3-11　城市居民对体育功能的认知程度（n=1082，多选项）

功能	人数	占所调查人数百分比/%	排序
强身健体	888	82.1	2
调节情绪	979	90.5	1
防病治病	569	52.6	3
丰富生活	383	35.4	4
锻炼意志	341	31.5	5
改善形象	303	28.0	6
促进人际交往	281	26.5	7
其他	175	16.2	8

7. 城市居民对体育健身场所的选择

2016年对西安市居民体育健身场所选择的调查显示，城市居民体育健身场所的选择（表3-12）如下：①公共体育场所（21.8%）；②公园或广场（19.2%）；③单位体育场地（16.2%）；④住宅小区场地（13.7%）；⑤自家庭院或室内（10.8%）；⑥公路或街道（10.8%）；⑦收费体育场所（7.3%）；⑧树林、堤坝、草原（4.9%）；⑨场院（2.8%）。

表 3-12 西安市居民体育健身场所选择（n=1082）

活动场所	人数	百分比/%	排序
公共体育场所	236	21.8	1
公园或广场	208	19.2	2
单位体育场地	175	16.2	3
住宅小区场地	148	13.7	4
自家庭院或室内	117	10.8	5
公路或街道	117	10.8	5
收费体育场所	79	7.3	7
树林、堤坝、草原	53	4.9	8
场院	30	2.8	9

关于城市居民体育健身场所的选择，对比上述调查发现，选择公园或广场、住宅小区场地、收费体育场所的数据有了较大提升。通过实地访谈得知，人们喜欢去公共体育运动场地的主要原因是具有运动环境，运动气氛好、感染力强，运动环境可以激发个人运动行为；公园也是人们比较喜爱的运动场所，其特点是环境好，运动场地设施较充足，运动气氛浓厚，没有过多的外来干扰。选择大广场，是因为其有较多的人群进行体育锻炼，创造了较好的体育运动氛围；城市小广场、公路或街道，便于人们就地就近地进行体育锻炼，不需要去太远的地方，但对体育项目的开展有影响；住宅小区场地因距离人们居住的地方比较近，满足“15 分钟健身圈”的布局，更加方便了人们的体育锻炼和健身行为，但其场地设施和环境对人们的体育锻炼行为有较大影响。

8. 城市生态体育资源对居民健身意识的影响

城市生态体育资源的开发，使城市居民不用到专业的体育场所，不用跑太远的路，可以就地就近地利用城市范围内优美的体育锻炼环境、丰富的体育锻炼设施、多样的体育锻炼方式、熟悉的体育锻炼人群，这些都会影响周围人进行体育锻炼的意识，从而为大众体育锻炼意识的提高起到极大的促进作用。表 3–13 显示，良好的城市生态体育资源能够吸引城市居民参与体育锻炼，吸引更多的体育指导员积极地服务城市全民健身活动。

表 3–13　城市生态体育资源对居民健身意识的影响（n=1082，多选项）

产生的影响	非常同意占比/%	同意占比/%	不一定占比/%	不同意占比/%	很不同意占比/%
城市生态体育资源对亲朋好友在城市参加体育锻炼的行为有较大影响	18.7	44.9	24.6	6.1	0.6
城市生态体育资源中健全、完善的场地设施有利于居民参加体育锻炼	33.8	55.5	8.4	1.7	0.6
城市生态体育资源创造的良好氛围能吸引更多的人参加城市体育活动	20.4	54.7	19.7	3.6	1.5
城市生态体育资源的改善使体育指导员的主动性更高	18.2	54.3	20.1	6.5	0.9
体育资源少是制约城市体育开展的主要因素	16.2	53.5	19.5	11.7	3.6

二、城市景观环境对居民体育健身的影响分析

在城市景观环境发展中强调城市中人与环境、人与人的和谐发展，重点体现为城市的可持续性和宜居性。城市景观建设是国家城市生态建设和实现森林城市战略目标的重要组成部分，也是城市可持续发展的关键领域之一，因而是当前各级政府关注的焦点和财力投入的重点领域之一。

健康的生活离不开良好的生态环境与自身积极的体育锻炼。随着生活水平的日益提高，人们对物质生活和精神生活的追求越来越高，享受生活、关注健康、关注生命逐渐成为民众的一种生活理念和生存方式。

调查表明，环境优美、布局合理、人与自然和谐共处的城市景观环境对居民健身活动有一定的积极影响，主要表现在两个方面：一是可以达到强身健体的效果和目的，减少或治疗身体的某些常见疾病（如高血糖、高脂血症、高血压）；二是通过休闲健身人际交流达到娱乐身心、广交朋友、缓解压力的目的。优美的城市景观环境具有将健身与休闲融为一体的“身心理疗”作用。

（一）城市景观环境下体育活动的特点

城市景观最简单的解释就是城市绿化，它是在城市绿地建设用地范围内的环境建设，包含布局、树种的选择、流动线路的设计、景观与建筑之间的协调等诸多因素。绿地的保护与建设在城市景观中占有十分重要的地位。绿地的主体是各类天然和人工的植被，通过同外界的物质能量交换影响和改造区域生态环境，具有多种环境服务功能，如涵养水源、保持水土、改善气候、净化环境、保护生物多样性等。

城市景观环境建设配合城市居民的各类体育活动规划设计了一些休闲锻炼的广场、绿地景观以及各种类型的体育健身设施，包括展示和激励体育精神的体育雕塑、体育景观墙等景观元素，这就构成了城市体育景观。居民在城市景观环境内进行的与体育活动相关的以健身、休闲、娱乐、竞技为内容的体育活动则构成了城市景观体育。

在城市景观的大概念下，城市景观体育和城市体育景观均包括城市景观元素和城市体育元素两个方面，是人们在认识和建设上对景观和体育哪个为主要因素的认识。城市景观体育是以城市景观环境为主体，以城市内有关体育元素的内容为辅，强调的是城市景观环境；城市体育景观则是以城市内有关体育方面的内容为主体，以城市的景观环境为辅，强调的是城市体育内容。目前的城市建设，主要还是以城市景观体育为主，将城市景观作为重要因素考虑，辅以城市体育场地设施因素。它不仅迎合了人们对生活环境质量提高的需求，更符合国家城市生态建设的要求。目前，不论是成熟城市还是新建城市，都优先考虑城市的生态景观环境建设和改造，其次才是整体的优化景观系统功能配套建设，如具备城市休闲功能的体育场地设施建设。

（二）城市景观环境中体育设施建设存在的问题及其解决思路

当前的城市景观环境建设在景区功能的设计方面，开始注重民众休闲娱乐的需求，以及多元化、大众化、人性化，逐步营造出一个可供人们进行交流、健身学习、怡情养性的氛围，实现居民自发地、自觉地进行健身活动，让他们认为每天的散步、慢跑等健身活动是一种享受，达到娱乐身心的目的，有利于人们释放高压情绪、解放精神，将被动健身转化为自觉的休闲行为，使更多的人行动起来、组织起来，达到全民健身的目的，进而达到提高全民素质的目的。

1. 城市景观环境中体育设施建设存在的问题

在城镇化进程中，西安市进行城市景观规划建设的同时，与体育活动有关的硬件场地设施的建设也暴露出一些问题，值得城市景观规划者和建设者思考。

（1）绿地景观破碎化严重，绿化水平整体偏低

资料显示，近几年西安市继续深化提升城市形象，优化居民生活环境，以每年 60 个的速度继续推进绿地小广场建设，规划建设的绿地小广场主要分为城市标志、游憩休闲、交通景观、功能复合四种建设类型。经过建设和升级改善，作为国际化大都市的西安市，城市整体绿化水平还是偏低，城市绿化空间分布不均，主城区绿地明显缺乏，二环内的情况稍好，有几个大的公园绿地，但点、线、面综合布局的绿地缺乏，绿地景观破碎化严重。在高新区、经济开发区和曲江新城等一些新建区域，有一些较大面积的公共绿地以及线状绿地景观，但大型绿地之间缺乏绿色廊道连接，整体性较差。

（2）景观环境设计与建设存在隐患

在新建公园、道路等的规划方面，西安市铺设了健身路径，安置了健身设施，但是部分经过改建的公园和区域因为客观因素的限制，步道和健身路径等出现了台阶式或者弯道过多过急甚至人车混行的问题，给健身人群带来了运动风险和安全隐患。有些健身路径路面铺装不能满足跑步及骑行的实际需求，尤其是水泥路面、石子路面存在健身风险。

（3）景观环境中体育活动设施的配备

目前，西安市景观环境和体育场地设施融合还处于探索和逐步实施阶段。为了满足人民群众日益增长的健身需求，规划在建的景观设施和体育设施应坚持高起点、高标准、高质量，合理利用公园绿地、市政用地等建设足球场、篮球场、羽毛球场等体育设施以及布局预留一定数量的空旷地带，为健身营造环境舒适、设施完善的运动环境，同时鼓励社会资本参与投资建设并依法按约定享受相应权益。

2. 城市景观环境中体育设施建设存在问题的解决思路

面对健身环境资源的客观现实，西安市人民政府在城市景观环境建设方面主要围绕以下两种思路进行。

第一，以绿地建设为主体，规划和建设好绿地总量，力争西安市城市绿地总量适宜、分布合理、植物多样、景观优美，形成以庭院、单位绿化为点，以道路、铁路绿化为线，以公园、广场绿地、大遗址保护区为面，以城郊林带和绕城林带为环，点、线、面、环相衔接的三季有花、四季常绿、“大水大绿”的城市综合绿地系统。

第二，加快免费景观公园、绿地广场、绿色廊道和绿化带建设。以风景名胜区、遗址保护区、旧城改造为重点，把园林绿化与西安市的历史文化底蕴相融合，与自然山水相渗透，在主题公园建设中强调历史文化元素，在弘扬历史文化的同时注入绿色现代气息，树立千年古都、绿色西安的新形象。

第四节　城市景观环境与居民体育活动的协调发展

城市景观环境与居民体育活动的良性互动关乎城市公共健康的发展与管理水平。城市景观环境是城市环境的重要组成部分，一度成为健康地理学研究的热点，也成为城市体育赛事和居民体育活动的承载场域。

一、城市景观环境与居民体育活动融合的发展策略

（一）城市景观的体育价值体现

1. 景观环境下的体育健身具有“生态、自然、绿色、健康”的特点

景观体育是景观与体育的积极融合，是创建健康城市和生态城市的产物，是城市体育文化的一种时代创新，是城市景观的空间理念和体育功能的整体性思想的统一，为城市全民健身的开展和研究提供了一种新视角，对健康理念下全民健身实施路径的形成起到了推进作用。城市景观建设融合健身健康生活理念，是一种积极健康的城市发展理念和全民健身路径，推动了景观环境下体育场地设施的建设及发展，对拓展城市体育发展空间具有重要价值；通过在景观环境中建设环保体育设施、环保健身项目，配置环保健身器械等方式，引导群众把健身活动、绿色体育消费与环保行为结合起来，实现了体育健身与绿色环保的统一。城市景观通过体育服务引导居民乐于健身，城市景观与体育功能的结合有利于居民健康、城市和谐的整体可持续发展。

2. 享受运动、享受环境、享受生命成为健身人群的新追求

良好的城市景观环境能极大地提高城市居民健身锻炼的积极性。城市

景观环境中体育场地设施的建设和拓展，对大众参与体育的理念和行动，包括参与体育锻炼的积极性、主动性、持久性等，锻炼时间的常态化，锻炼行为的固定化，锻炼项目的多元化，体育消费观念的更新等有积极影响。同时，对大众体育的发展、新型运动项目的开发等具有促进作用。城市健身人群已由被动休闲健身转化为主动的高品质的体育休闲及健身怡心。居民锻炼的目的已由最初的增强体质、康复病体转化为延年益寿、陶冶性情，享受运动、享受环境、享受生命。这进一步表明，设施健全完善、环境优美的景观环境有利于全民健身活动的组织实施和可持续发展。

3. 城市景观下的健身环境激发了居民日常锻炼的自觉性

城市景观中的健身环境在功能的设计方面开始注重民众休闲健身多元化、大众化、人性化的需求，营造出可供人们交流谈心、健身锻炼、怡情养性的氛围，将闲置的空旷场地改建为健身运动小广场和健身器材功能区，将其中的道路设计为健身路径，用于健身走、跑步、太极拳、木兰拳、空竹、柔力球、健身舞蹈、健身气功等居民休闲项目的开展，各类健身器材恰当地安置在绿色生态的景观公园、城市绿化交通廊道等区域，方便居民自发地、自觉地进行健身活动，让居民感受到每天的健身活动是一种享受，而不单单是一种行为，使健身成为居民的一种生活习惯和精神寄托，由此激发更多的居民动起来，从而达到全民健身的目的。

（二）城市景观体育与全民健身协调发展策略

在城市景观环境建设中融入大体育、全民健身的理念，有利于城市体育的发展，有利于全民健身运动的可持续发展。

“自然—人类—体育”的和谐发展是全民健身可持续发展的保证。紧靠秦岭山脉、地处关中平原的西安市拥有丰富的生态体育资源，要实现全民健身的可持续发展，就必须在资源的规划、开发和管理上有新理念、新突破。因此，政府要建立起生态环境保护的长效机制，培养居民的环保意识和能力，依托现有生态体育资源创设绿色的健身环境，同时发展体育产业，形成新型的经济发展模式，促进西安市全民健身事业的发展。

1. 提高居民的生态体育意识

提高居民的生态体育意识，首先要依托学校教育，从娃娃抓起，增加生态体育教育在学校教育中的比重，进而将其渗透到自然科学、技术科学、人文社会科学等综合性教学和实践中去，使其内蕴于素质教育之中，成为学生的基础知识结构以及综合素质培养要求的重要组成部分，培养学生保护环境的能力和责任感；其次要将生态体育相关内容列入“市民公约”，并通过媒体、网络、手机短信平台等途径进行信息传播，使每一个市民明白在体育活动中保护环境是一项行为规范。此外，有关部门可在各种健身活动场所通过标语、宣传画、手抄报等方式布置新颖、公益、幽默、形象和艺术化的生态体育提示信息，使居民树立正确的生态体育意识，以保证全民健身可持续发展。

2. 强化生态体育公共设施规划、建设与管理

强化生态体育公共设施规划、建设与管理，应将生态元素融入体育公共设施。市政部门在前期规划中，首先应考虑运动场所的选址，在满足自然环境和城市发展和谐共生的条件下，首选居民出行便捷的地段，根据城市老城区和新城区发展格局的不同特点，由中心城市向广阔的郊区深入，把体育公园、历史文化遗址、湿地、河道、田园等自然与人文景观有机串联起来，打造低碳、环保、休闲的绿道体系，这样既能实现其体育功能，又不破坏城市特有的原生态景观。其次要注意运动场所的设计格调，根据不同年龄层的运动群体的需求让建筑物的外形及体育设施的色彩变得多样化，如儿童和青少年喜欢造型独特的格局、光鲜明亮的色系，中老年则喜欢方正浑圆的格局、低调沉稳的色系。将多样格调进行合理搭配比较容易提高人们的视觉兴奋度，唤起人们对运动的渴望，让体育运动更贴近自然。最后还须考虑能源问题，如采用通风设计、自然采光等技术，选用环保的建筑和装修材料；鼓励大型公司、学校、厂区等企事业单位的体育设施向社会开放，以此盘活体育公共设施资源，节约生态土地资源。

3. 促进生态体育文化与体育产业融合发展

生态体育文化主要包括体育项目、象征符号、乡土情结、历史传承、文化认同、社会组织、体育环境，这些要素之间存在生态关系。各地要挖掘和利用城市的体育文化精髓，把其传统体育项目与特有的民俗文化、农业生态园等资源进行捆绑，同时利用区域经济发达的优势，积极引入国内外高水平体育品牌赛事，借助此类赛事打造具有深厚文化底蕴的新型体育旅游产品，形成品牌效应，从而带动当地体育产业的发展，形成特有的生态体育文化。

以每年一度的西安城墙国际马拉松赛为例，此项赛事吸引了众多人前来参赛观赛，其中不乏慕名前来的国际友人。西安城墙国际马拉松赛不仅承载着厚重的人文历史，还具有竞技观赏要素，如今还被赋予了拉动体育消费、促进体育产业发展的重要使命和功能。在体育赛事举办期间，除了精彩的比赛和电视台的直播外，政府还可以适时借助这个体育交流的平台，进一步发掘西安市传统文化的当代价值，延伸文化的产业链条。生态体育文化传播，不仅可以传承传统体育文化和民俗文化，还可以发展西安市特色的体育旅游，带来经济效益和文化效益。

（三）景观环境优化是全民健身蓬勃发展对城市建设的内在需求

城市的发展应是人口、经济、资源和环境相互协调，按照资源节约和环境友好的要求，保护和改善城市生态环境，增加绿地，改善景观，推动城市与自然、人与城市环境和谐相处，保障城镇化的质量、效益和福利。人与城市和谐的本质就是城市的人性化与人性的城镇化的统一。随着《全民健身计划纲要》的实施，全民健身运动在全国各地蓬勃发展，大众的体育健身需求愈加强烈和多元化。为了满足大众的健身需求，各级城市在城市环境建设方面加大了场地和体育设施资源的配套投入。城市健身环境资源的开发利用不仅是经营体育产业必不可少的物质载体，也是开展各种群众体育活动的有力保障。

城市景观环境是城市环境资源和社会文化系统的重要组成部分，是一种开放的、动态的、脆弱的复合生态系统，是自然景观和人工景观的综合体。城市景观反映了城市社会、文化、生活等各方面。在全面建成小康社会和城镇化进程中，城市景观环境下的体育场地设施建设和改善发展迅速，在一定程度上满足了居民体育锻炼和休憩活动场所的需求，同时对大众体育的发展及《全民健身计划》的实施具有非常重要的作用。

（四）城市景观建设和景观体育发展融合的良好态势

我国自 1995 年开始实施全民健身工程，特别是遍布城乡的体育休闲公园、健身广场、健身路径，与壮观的健身人群一起形成了一道美丽的“大景观”。居民健身的人文景观和各地的自然景观和城市景观完美结合，实现了城市景观和体育运动场景的有机结合。

2009 年 10 月正式施行的《全民健身条例》，推进了全民健身运动的长效化发展。与此同时，城市健身环境、场地设施的数量和质量要求逐步提高，城市景观环境改善成效显著。景观体育也在城市体育圈中悄然兴起，通过群众性体育活动的开展、特色体育赛事的举办，融入城市自然景观、人文景观资源等展现城市魅力，在丰富居民体育锻炼方式、提高大众体育锻炼意识、培养大众体育锻炼习惯、影响大众体育锻炼行为、改变大众体育价值观、实现免费观赏竞技比赛、推动体育生活化方面起到了积极作用。

城市标志性景观与体育活动的融合，增添了城市的体育元素，宣扬了城市的体育精神，彰显了城市的体育文化，激发了居民的体育参与热情，促进了城市体育赛事的发展，刺激了城市体育消费。同时，有助于提高居民对城市的认知，增强居民对城市的归属感，有利于拉近人和人之间的距离，从而形成和谐的城市氛围。

二、增强景观体育与城市文化建设的相互作用

在全面建成小康社会的进程中，各级政府加大投入，加强城市景观建

设并取得了一定成效，为群众体育活动提供了良好的健身环境。但是，如何更好地利用现有的城市景观环境，使城市景观、体育活动、居民生活三者和谐及可持续发展？这就需要思考城市景观体育文化建设问题。党的十八大报告精辟地总结了文化的价值意义、建设方向、目标和着力点以及建设的基本内容。以此为背景，本研究以城市景观体育为着力点来思考城市景观体育文化建设：首先，城市居民将受惠于景观体育文化建设；其次，城市景观建设在挖掘景观文化底蕴的同时，依托体育平台，提升了城市的文化实力和影响力；最后，城市景观融入多元化体育元素，契合大型体育赛事和全民健身活动发展的要求，对推进全民健身计划的实施具有促进作用。

（一）城市景观体育文化建设的时代必然性

城市景观体育文化作为城市文化的重要组成部分，其发展和建设既有自身规律，又会受到社会政治和经济的影响。经济基础是城市景观体育文化建设的前提。随着西安市经济的快速发展，西安市的景观体育文化建设有了迫切的现实需要。

从外部环境看，第一，党的十八大报告着重强调了文化建设的重要性，进一步确立了文化建设的战略地位，这就为城市景观体育文化建设确立了大背景。第二，城市景观体育文化建设是体育事业发展的需要。《体育事业发展“十二五”规划》中关于全民健身户外活动基地建设的要求为“建设与公园、绿地、广场和山水等自然条件相结合，具有特色、规模较大、体育设施种类多样的户外运动场地等”。“十二五”期间，我国全面贯彻的《全民健身条例》《全民健身计划（2011—2015年）》以及计划实施完成的《全民健身计划（2016—2020年）》，强化公共体育服务职能，建立完善以全民健身设施建设、组织建设、活动开展、健身指导、科学评估等为主要内容的全民健身公共服务体系，切实保障了广大人民群众参加体育活动的权利。第三，一线城市的建设和发展为西安市的城市景观体育文化建设确立了榜样和目标。第四，西安市经济的发展为西安市景观体育文化建设创造了物质条件，提供了保障。第五，当前西安市居民日益增长的体育需求对西安市景观体育文化建设提出新的要求。从内部环境看，城市景观体育文化建设是景观体育自身发展和城市内涵发展的现实需要。此外，城市景观体育文化建设还得益于国家的文化政策、城市建设政策和体育发展政策等方面的支持，这些政策为城市景观体育文化建设提供了广阔的平台。

（二）城市景观体育文化建设的决定因素和条件

城市景观体育文化是城市建设风貌与体育赛事、体育活动相融合的综合体现，是在城市建设和体育事业发展中逐渐形成的，它不仅彰显着一个城市的发展理念，也彰显着体育事业的发展方向。形成良好的城市景观体育文化，不仅是城市景观建设可持续发展的需要，也是体育事业发展的需要。良好的城市景观体育文化的形成不仅需要一个长时间的建设过程，也需要一定的决定因素和条件。

1. 城市景观体育文化建设的决定因素

以人为本是城市景观体育文化建设的决定因素。人是城市中的人，城市是人的城市。人是城市发展和建设的主体，城市的发展是为了满足人的高质量生活的需要。城市景观体育文化建设应该以人为本，一方面是以人为中心，一切服务于人，把人的利益作为景观体育文化建设的出发点和落脚点，保障人在城市景观建设和体育活动中的权益；另一方面是把群众满意度作为根本衡量标准，认真听取群众意见，广开言路，集中民智，形成有效的反馈机制，对于在景观体育文化建设中遇到的重大问题和涉及群众切身利益的现实问题，要建立科学的群众评价体系，形成群众满意度测评机制，切实维护群众的利益。在以人为本的价值观的作用和引导下，城市景观体育可以最大限度地避免行为方式、规章制度及道德规范所存在的不足和弊端，使自身实现更好更快的发展。

2. 城市景观体育文化建设的条件

良好的城市景观体育文化的形成需要满足一定的条件。

首先，决策者的景观体育文化意识。一个城市的景观体育文化建设取决于该地区决策者的文化意识，决策者的文化意识决定着其对景观体育文化建设的认识、态度和自觉性，对景观体育的发展具有一定的作用。决策者在景观体育文化建设中有着重要的作用：第一，发动作用。景观体育文化建设是由决策者发起的，其贯彻实施要通过决策者来倡导和部署。第二，导向作用。城市景观建设、体育发展和文化建设在一定程度上体现着该地区决策者的顶层设计，这就是决策者在城市景观文化建设中的特殊作用。第三，率先垂范的带头作用。决策者在城市景观体育文化建设的指导思想的确定、奋斗目标的规划、实施步骤的制定等过程中均不可或缺。

其次，建立景观体育文化传播的公共服务体系。文化传播也称文化扩散，指人类文化由文化源地向外辐射传播或由一个社会群体向另一个社会群体散布的过程。文化传播是文化发展的中间环节，建立文化传播的公共服务体系，是景观体育文化建设的基础条件，也是加快景观体育文化建设的必要条件。

最后，景观体育文化人才队伍的建设。专业文化人才是文化生产的主要力量，也是城市景观体育文化建设的前提和基础。一般而言，专业文化人才队伍的建设工作主要依靠教育机构完成，而我国教育体系中缺乏景观体育文化的传播和传承，使得当前的城市景观文化建设缺乏专业人才。所以，应该尽快建立一支专门的景观体育文化人才队伍，以满足当前景观体育文化建设的需要。

（三）城市景观体育文化建设的思路与方案

1. 城市景观体育文化建设的思路

城市景观体育文化建设是一个系统工程，需要各个部门、各个环节的相互联系和相互配合。此处以西安市为例进行城市景观体育文化建设的论证。建设具有特色的西安市景观体育文化，必须从西安市景观的现状和实际出发，从西安市未来的发展出发。总的工作思路是由易到难、由表及里、打牢基础、循序渐进、逐渐积累、步步深化，重点需要抓好几项基础性的工作。

首先，积极培育西安市景观体育文化观念，了解西安市景观体育文化的内涵，引导政府部门重视和支持西安市景观体育文化建设。景观体育是一个新事物，尽管在一线城市有了较快的发展，但在其他城市和地区尚处于未开发的状态，所以对于景观体育文化的宣传、介绍可以使景观体育文化深入人心，为之后的文化建设打好基础。

其次，诊断当前西安市景观体育文化的现状，制定西安市景观体育文化建设的目标。不同城市的经济发展水平、景观建设情况不同，人们的体育文化需求也有所不同，因此，景观体育文化建设应该因地制宜，充分考虑地域特点和风土人情，在充分挖掘西安市文化底蕴的基础上结合当地体育文化来规划景观体育文化建设。

再次，掌握西安市景观体育文化建设的方法，组建专门的景观体育文化人才队伍，负责协调各部门、各单位开展工作，以确保目标的实现。充分利用高校体育师资以及社会体育指导员等体育人力资源，充分发挥他们懂体育、知文化的优势，暂时弥补现有景观体育文化人才的不足，并在此基础上逐渐形成景观体育文化建设的专门人才。

最后，西安市景观体育文化建设的评估。评估是对景观体育文化建设的一种严格的检验，是对景观体育文化建设质量和管理水平的一种鉴定，它必将推动景观体育文化建设的发展，实现以评促建、以评促发展的格局，通过评估及时发现并纠正问题，避免文化建设中的不足和弊端，使景观体育文化建设更好更快地发展。

2. 城市景观体育文化建设的方案

城市景观体育文化的构成（图 3-13）主要由人的参与和城市景观两方面因素决定，涉及竞技体育、社会体育和学校体育三个方面。

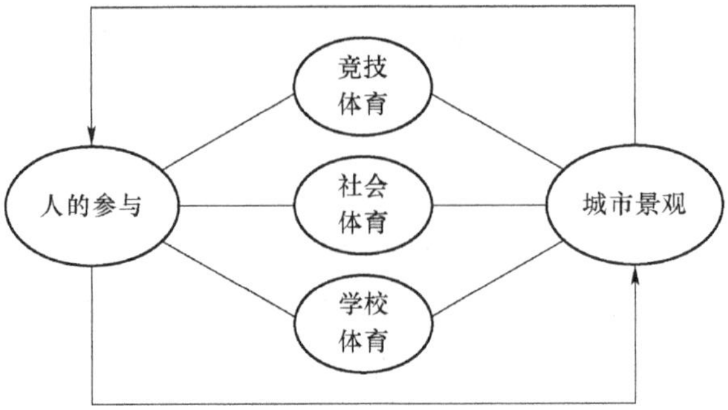

图 3-13　城市景观体育文化的构成

景观体育是人与体育、人与景观、体育与景观的相互融合，因此，城市景观体育文化建设的方案设计离不开这三者之间的互动。城市景观体育文化建设首先要调动人的积极性，使人积极主动地融入各种形式的体育活动；其次要利用城市现有的景观环境组织多种形式的体育活动，使体育活动融入城市景观；最后要通过景观中的体育活动服务于民、受惠于民。

（四）城市景观体育文化建设机制分析

1. 城市景观体育文化建设路径

城市景观体育文化建设要逐步建立和完善以政府为主导的领导机制。政府是景观体育文化建设的主体，承担规划、指导、投入、协调的重任。在西安市景观体育文化建设中，首先，市委、市政府应该协调西安市景观体育文化建设所涉及的不同部门和机构，使其同心协力；其次，积极调动各种人力资源，如学校体育教师、社会体育指导员、社区体育骨干、文化事业热心人士、城市景观资源管理者等，使其既各负其责，又相互配合，发挥他们在景观体育文化建设中的骨干带头作用；最后，积极调动景观体育参与者的热情和积极性，从中发现和培养景观体育的组织者和管理者，实现民管、民治，解决景观体育文化建设中的人才瓶颈问题。

景观体育的实质就是景观与体育的融合。有景观资源，才有景观体育，才能开展景观体育文化建设。西安市拥有名胜古迹 40 多处，已建成和在建的大型公园有 60 个，街头绿地广场有 300 多个。这些散落在城市大街小巷的、丰富的景观资源为西安市景观体育文化建设提供了良好条件。西安市拥有体育传统学校30余所，其中涉及的项目有田径、篮球、乒乓球、举重、武术、游泳、排球、足球、体操、射箭、跆拳道、射击、象棋、轮滑、户外拓展等。作为千年古都，西安市还有众多民族传统体育项目，如摔跤、蹴球、押加、高脚竞速、板鞋竞速、花样跳绳、射弩、陀螺等。这些丰富的体育项目资源和景观环境为西安市景观体育文化建设奠定了坚实的基础，科学合理地综合利用这些资源优势进行景观体育文化建设，既可以实现景观自身的良性发展，又可以弘扬传统体育文化。

有关部门开发和利用这些景观资源，首先应该分析不同景观资源的特点，形成既体现景观体育文化又兼顾城市传统体育项目的特色；其次应根据不同景观资源的特点和多元开发后的成果，开展不同规模、不同形式的竞技体育活动，以及富有西安市地域特色的传统体育项目的群众体育活动，并在活动中加强培养景观体育文化建设的专门人才，以对特定景观体育活动进行组织、管理，使景观体育长效化、规模化、稳定化发展。

以西安环城公园为例，一方面，它依傍着明代古城外墙而建，绿意盎然中又凝聚着古色古香；另一方面，它环城一周，满足了老城区居民休闲及体育活动需求。居民日常的散步、慢跑、跳舞等健身活动与具有陕西地域特色的传统体育项目（如射弩、高脚秧歌、陀螺、秦腔等）相结合，逐步形成了古城墙全民健身长廊亮点，古城墙特有的历史文化景观与居民休闲健身相映成趣。此外，应加强政府管理力度，充分发挥民间组织的作用，使这些陕西传统体育项目逐渐成规模、成气候，将西安环城公园打造成融历史性、文化性、生态性为一体的景观体育文化区。

2. 城市景观体育文化建设实例

城市景观体育文化是城市文化的重要组成部分。党的十八大报告着重强调了文化建设的重要性，进一步确立了文化建设的战略地位。在全面建成小康社会的进程中，国家相关行政部门及各级政府应该充分利用现有的城市景观环境，使城市景观、体育活动、居民生活和谐相融，使城市中的人受惠于景观体育文化建设，使城市景观建设能够借助体育平台，丰富和补充城市健身环境，提升城市的文化实力和影响力。

城市景观环境是群众健身环境的有力补充，以城市景观环境为背景进行的体育赛事，通过比赛效应，对城市政治经济发展、文化建设起到了巨大的推动作用，尤其对建设美丽西安、健康西安，提升西安市的国内、国际影响力，促进区域经济发展和生态文明建设，以及推动全民健身起到重要作用。西安市依托城市景观环境举办的较有影响力的体育赛事见表 3–14。

表 3–14　西安市依托城市景观环境举办的较有影响力的体育赛事

序号	体育赛事名称	举办地点（时间）
1	西安城墙国际马拉松赛	西安城墙（1993—2021 年）
2	环中国国际公路自行车赛	西安城市运动公园（2012 年） 西安浐灞国家湿地公园（2013 年） 西安航天产业基地星河运动公园（特色城市道路廊道）（2014 年）
3	浐灞湖 F1 摩托艇世界锦标赛	浐灞国家湿地公园（2007 年）
4	全国竞走冠军赛暨大奖赛	唐城墙遗址公园（2006 年）
5	中国田径街头对抗赛（西安站）	西安城墙西门瓮城广场（2016—2018 年）； 西安大唐不夜城的开元广场（2020 年）
6	大明宫“欢乐跑中国”	大明宫遗址公园（2015—2021 年）
7	紫薇地产杯城墙马拉松赛	西安城墙（2014—2021 年）
8	李宁 10 公里路跑联赛西安站	曲江南湖遗址公园（2013 年、2014 年） 西安世博园（2015—2017 年） 大明宫遗址公园（2018 年）
9	陕西省路跑联赛	浐灞车游湿地公园（2016 年） 咸阳礼泉县袁家村（2017 年）
10	“灞河竞渡”赛艇挑战赛	浐灞生态区浐灞赛艇中心（2014—2020 年）
11	西安国际马拉松赛	西安市中心城区（2017—2021 年）

注：数据截至 2021 年。

（1）西安城墙国际马拉松赛

西安城墙国际马拉松赛是西安市景观体育文化建设的丰硕成果之一，也是城市景观体育文化建设的成功范例。它将健康时尚的跑步运动与西安市独特的景观融为一体，让参赛选手和观赛居民感受到“千年古城墙、万众马拉松”的壮观魅力；把全民健身和文化古迹相结合，使普通的体育赛事深深地打上“西安制造”的烙印，超越了体育本身的价值和内涵，弘扬了西安市体育文化精神，推动了全民健身运动，展示了古城历史风貌，促进了旅游商贸，成功打造了城市景观体育文化，使健身、体育赛事、景观与城市文化融为一体。

西安城墙国际马拉松赛的配套系列活动有马拉松摄影大赛、元旦越野赛、公开水域游泳比赛、赛艇对抗赛、千人健步走、万人健康跑、自行车公路赛等。这些系列活动为西安市居民提供了更多观赏和参与的机会，为城市景观发展创造了契机，为各地游客提供了更多驻足停留的理由，为参赛选手提供了更多感受城市的方式，为企业提供了更多展示品牌魅力的空间与选择。例如，2018 年，西安城墙国际马拉松赛的参赛选手来自 31 个国家和地区，报名人数达到 31 048 人，这就为西安市提供了提高国际影响力的平台。

西安城墙国际马拉松赛为城市景观体育文化建设积累了丰富的经验：一是体育赛事与城市景观完美结合，自然而为；二是以景观体育文化为龙头，开展系列文化活动，呈现文化大餐；三是群众的广泛参与体现了文化建设造福于民、受惠于民的价值；四是以文化建设为平台，提高城市影响力，体现了城市宣传的艺术性。

（2）以西安浐灞国家湿地公园景观为背景开展的体育赛事

西安浐灞国家湿地公园是西北地区首个国家级湿地公园，也是西安市人民政府确定的 2013 年十件惠民实事之一，是一个集湿地保护、观光游览、科普科研、户外运动和休闲娱乐于一体的综合性生态旅游目的地，具有较高的生物多样性保护价值。该公园的建成、开放对恢复浐灞水系及渭河水系湿地生物多样性、改善全市空气环境质量、保障城市生态安全、推进治污减霾等都具有重要的促进作用，被公认为西安美丽的大花园。浐灞生态区目前已成功举办的体育赛事有浐灞湖F1摩托艇世界锦标赛、“灞河竞渡”赛艇挑战赛、李宁10公里路跑联赛西安站、西安国际马拉松赛等。例如，2013年环中国国际公路自行车赛，就在美丽的浐灞生态区进行，运动员在创造优异成绩的同时，打造出一种“人在画中、动静相宜、速度与生态融合”的比赛画面。

第四章 城市社区景观健身环境与居民体育活动

随着经济结构和人口居住格局的变化，城市社区已经成为我国城市发展和治理中规模较大、结构较复杂的一种居民生活区域类型。休闲健身、体育锻炼作为现代城市居民的一种生活方式，是推动社区体育发展和扩大城市体育人口的主力军。当我们将目光聚焦社区体育时，就会发现随着全民健身活动的深入开展，社区成员对体育的需求不断增加，并呈现出多元化趋势。经过几十年的发展，城市社区体育已经形成了一个由体育组织、活动参与者、环境场地设施、活动经费、活动时间和社区体育活动等要素构成的完整系统。其中，环境场地设施是开展城市社区体育的物质保证。

社区是城市居民最基层的生活单位，社区建设与发展是当前现代化城市发展的重要内容，也是党和政府治理国家的重要举措。随着人民群众物质与精神生活水平的提高，城市居民对生存环境与生存质量的要求也与日俱增。生态社区理念开始进入党的方针政策和政府的施政举措，并且逐步落实到基层社区建设的实践中。如何通过推进生态社区建设实现“美丽社区”的构建，不仅是学术界热议的话题，也是党的社会工作的重要方面。

第三章从宏观层面论述了城市景观环境与全民健身的关系及作用，即城市环境、城市标志性景观与居民体育活动的结合不仅有助于体育锻炼者增进健康，提高生命活力，能够满足人们渴望归属的社会需要，塑造健康向上的人格力量和勇于进取的心理品质等，还能成为人与城市和谐发展的推动力量，有助于增进居民对城市的了解，有助于形成关系融洽的和谐气氛，有助于人与城市的和谐共处。

随着城市现代化进程的加快，城市社区的功能和价值愈发重要，社区的绿色生态环境是社区环境最外显的部分，也是社区居民最能直观感受到的。近些年，随着美丽中国、健康中国、全民健身等理念的深入人心，在城市社区规划建设和社区体育发展方面涌现了一些新的概念，如社区景观、社区景观体育、社区体育景观、生态社区、绿色社区等，其中社区景观是城市景观的微景观，也是城市景观的重要组成部分，还是城市社区健身环境建设与优化的重要组成部分。

本章主要从生态社区景观的角度或者社区景观体育的角度来论述其对全民健身的作用，即城市社区健身环境对居民体育活动的作用。全民健身离不开社区这一基础环境。本章首先在理论上统一认识，了解社区景观体育的起源，明确城市社区景观体育的概念及其与景观体育、社区体育、社区景观的联系与区别，在此基础上，论述城市社区景观体育的内涵及特征；阐述社区景观和社区体育融合的价值，以及关于社区景观规划和建设的思考，从认识层面普及构建社区健身环境的重要性和必要性。其次通过实地调研、数据分析体现城市社区健身环境在全民体育活动中的作用，并提出城市社区健身环境的开发模式，指导我们对城市社区健身环境进行规划与设计，理解如何科学地开展社区景观体育活动。

第一节　城市社区景观健身环境概述

城市社区健身环境是社区居民进行体育活动的重要场所，是居民多元化生活的载体，融合于社区景观环境的建设之中。社区景观环境创造出的良好生态健身环境对推动社区居民体育活动的开展具有积极意义。

一、城市社区景观健身环境内涵

社区景观是城市景观的微景观。关于社区景观，目前学术界没有一个明确的定义，但就其内涵来说基本等同于绿色社区、可持续社区、生态居住区等，主要是指在社区绿地、建设用地范围内的环境建设，包含整体与局部的结构布局、树种植被的选择、流动线路的设计、景观与建筑之间的协调等诸多因素。城市社区景观健身环境建设是将社区景观作为重要元素，并补充一定的体育场地设施，不仅迎合了居民对生活环境质量提高的要求，也符合国家生态化城市建设的要求，还给社区居民体育健身活动提供了良好的环境。目前，不论是成熟社区还是新建社区都会对社区的生态景观环境和景观系统功能配套设施进行整体优化和改造，尤其是在加强社区休闲功能的体育活动场地、设施建设及改善健身环境方面。在健康中国、美丽中国、生态文明建设进程中，社区景观建设倡导生态可持续效应，体现对生态环境的保护，体现对场地生态发展过程的尊重、对物质能源的循环利用、对场地自我维持的重视，将环保理念植入体育赛事景观。

城市社区景观健身环境包括社区景观与体育活动两个基本因素，它们的相互融合发展对居民的体育活动有着重要的价值。其一，城市社区景观环境建设与社区体育活动相结合，不仅能有效缓解城市居民体育锻炼参与热情与体育场地设施不足的矛盾，还能使生态社区建设更具特色，突出以人为本的理念。其二，社区景观能促使人们积极参与体育运动，对社区居民参与社区体育活动具有催化作用，尤其是良好的社区生态景观环境能营造出的良好体育锻炼氛围，更能够刺激和调动人们运动的积极性，吸引更多的社区居民自觉地、自发地、持续地投入社区体育活动。其三，城市社区景观环境建设与社区体育活动有机结合，一方面引导社区居民走出家门，走向户外，进入社区绿色生态的景观环境进行休闲娱乐、健身锻炼；另一方面引导体育，特别是大众体育走出传统的室内体育馆，走向城市社区景观健身环境，还促进了社区景观发展的独特性和多元化，使居民、环境、健身活动之间的关系更趋和谐，能够促进城市休闲体育可持续发展，推进新型城镇化社区景观体育的快速、健康、有序发展。

（一）城市社区景观健身环境

城市社区景观健身环境建设是为满足社区居民的各类休闲娱乐锻炼活动需求，规划设计的休闲健身广场、绿地景观以及配置的一些体育健身设施，包括展示体育精神的体育雕塑、体育景观墙等景观元素。社区景观体育和社区体育景观均包括社区景观元素和社区体育元素两个方面，是人们在认识和建设层面对景观和体育两个因素以哪个为主的认识。社区景观体育是以社区景观环境为主体，以社区内有关体育元素的内容为辅，强调的是社区景观环境；社区体育景观则是以社区内有关体育方面的内容为主体，以社区的景观环境为辅，强调的是社区体育内容。

社区景观环境中的体育活动通常在社区及社区周边，也就是在社区居民活动的共享空间进行，社区居民都可以自由出入，无须支付任何费用，可以停留驻足，观看欣赏，休闲散步，参与健身活动。社区景观健身活动作为一种以社区景观环境为背景或场所开展的体育运动，是与社区景观相融合的。没有社区景观就无所谓城市社区景观健身环境，因此社区景观本身的共享性规定了社区景观体育的共享性、开放性，这是社区景观体育所特有的。

（二）社区景观体育

研究城市社区景观健身环境，就离不开社区景观体育。景观体育是城市利用自身特有的自然和人文等景观资源，与体育比赛、体育活动有机结合，从而展示体育精神、展现城市的生机活力与魅力的体育运动。在欧美国家，景观体育的发展比较成熟，如著名的环法自行车赛，牛津、剑桥赛艇对抗赛等，都是景观体育的完美展现。社区景观体育则是以社区景观为背景或场所开展的体育活动。我们可以从生态、形态、业态三个方面理解社区景观体育。

（1）社区景观体育生态

社区景观体育生态是指社区景观体育资源的综合利用和环保结合在一起的产业发展过程，它要求所有的环节和过程都符合生态经济的要求，都走向生态产业的阶段。生态是社区景观体育赖以生存的基础和生命线。

（2）社区景观体育形态

社区景观体育形态是指社区景观体育的实物体现，小到社区景观体育的标志、广告宣传、纪念品、旅游商品，大到社区景观体育的景观活动场地、赛道、观众通道、旅游通道等。形态是社区景观体育吸引观众参与，提高社区景观体育的审美和观赏效果，增强社区景观体育的趣味性、惊险性、刺激性、挑战性、观赏性的重要保障。

（3）社区景观体育业态

社区景观体育业态是指结合社区景观体育的功能和需求创造性布局相关产业，延长产业链，开拓服务、消费等新型业态。社区景观体育的业态呈现给消费者的是在社区中参与享受体育的激情，在体育活动中参与享受社区生活的快乐，社区景观体育带给社区居民的是充满激情、快乐的服务和体验。业态是社区景观体育可持续发展的重要支撑。

当然，社区景观体育是一个综合性的系统工程，要保障其可持续发展，需要从动态的角度，完整地综合考虑，做到“三态”合一。同时，要掌控“三态”间的协调转化，让生态、形态承载环境优美的社区景观形象、和谐美好的生活方式，让业态作为一种高端产业聚集、人脉商业汇聚的载体，引领城市现代生活，让社区居民享受更丰富的生活内容和生活方式，从而综合打造出社区品牌和景观体育效益、生活方式和服务消费协调发展的新型社区景观体育。

（三）城市社区景观健身环境的价值

1. 居民体育活动和社区景观环境的自觉融合

在良好的社区景观环境下，体育活动的发生源自居民对健康观念的认知和自身锻炼的需求，这对社区居民自发锻炼的自觉性行为有极大的促进和稳固作用。良好的社区景观环境有利于社区居民开展以体育锻炼为目的的社区群体体育活动，优美的社区生态景观提供给居民体育活动及休闲交流的场所。同时，优美的社区体育锻炼环境、丰富的社区体育锻炼设施、多样的社区体育锻炼方式、熟悉的社区体育锻炼人群使得社区体育活动的开展自然而然地就近融入社区景观环境。

社区景观体育是静态的社区人文景观和动态的体育运动相结合的复合体，它具有景观和体育的双重特点，但又不是二者的简单叠加，而是一个整体，社区景观离开体育活动只是静态的物体，没有灵动性，体育活动离开了社区景观就没有了新颖性，其吸引力也大大减弱，因此，二者的结合给社区景观和体育活动赋予了新的含义。社区景观凝结了建筑师、艺术家的思想和灵感，是社区景观文化的彰显；体育同样是一项艺术，是人类对自身的改造、创造。从这个意义上讲，社区景观体育又有了新的内涵，即创造的过程。

2. 城市社区景观健身环境的优化开拓了社区体育运动的新方式

随着对高质量生活与生命周期大健康关注度的提升，人民群众健康生活方式正在逐步形成，人们对科学的健身方式、健康内容和健身环境有了全新的认识。与以往在特定场馆进行的体育活动相比，户外有氧运动成为越来越多居民的首选。生态化的社区景观环境与社区体育活动的结合为这些户外运动项目增添了活力和朝气，突破了以往只在室内体育场馆和特定运动场所进行身体锻炼的传统观念，丰富了居民体育活动的方式，拓展了居民体育活动项目，开辟了体育活动新思路。总之，体育活动与绿色景观的结合强化了社区居民的社区体育活动行为。

3. 城市社区景观健身环境的提升盘活了社区体育活动场地设施

在城市生态环境建设背景下，各级政府投入了一定的人力、物力和财力促进社区生态化改造和建设，由此，城市生态环境及景观建设带动了生态社区景观的较大发展。首先，生态社区景观中的绿地建设间接改善了居民的生活，也使居民对社区绿地建设及功能有了更加深刻的认识，促使其向融合多种活动功能的社区生态绿地建设方向发展，盘活了社区景观绿地与社区体育的有机结合。其次，社区生态景观建设引导社区建设融入设施功能完备、环境优美、个性突出的体育活动场所，引导大众体育走出传统的体育场馆，走向城市中正在建设或已经建设好的生态社区景观环境，方便居民进行形式多样的体育锻炼和体育休闲交流，吸纳更多居民积极地投入全民健身活动，从而更有力地保证了全民健身的可持续发展。

二、城市社区景观健身环境的规划和建设

城市社区由于所处的地理位置不同，会呈现出不同的生态环境，如空气质量、气候条件、日照时间、绿地范围以及饮用水质等，这些因素构成了社区环境的生态要素。随着经济的发展，城市居民对生活质量和居住环境的要求越来越高，在为城镇化发展提供充分保障的同时，新建社区未来发展还在宏观层面涉及生态环境、各类资源的配置，在微观层面关注社区绿化、道路铺设、休闲健身公共空间等的总体布局问题。

关于城市社区景观健身环境的规划和建设，除了城镇规划部门外，学术界也开始研究和思考这一问题。侯秀英在《社区体育公园景观规划设计探析——以清远市社区体育公园为例》中指出，社区体育公园景观规划设计包含很多内容，如整体内外结构、操作控制系统、管理与服务。社区体育公园景观规划设计为居民提供方便、快捷、舒适的个性化场所及良好的使用环境，但是目前一些设计技术在运用过程中存在诸多问题，需要运

用新技术手段加以完善。胡祥、林星星在《城区生态社区建设路径创新研究——以福州市鼓楼区为例》中指出，福州的生态社区建设存在社区布局不合理、建设路径单一、缺乏系统的生态思想、缺乏操作性强的评价指标体系等问题，因此，生态社区建设要针对社区原有特征进行分类处理，进而从土地利用、资源能源、水循环、生态绿地、环保建筑及社区共建的角度提出创新路径。

因此，城市社区景观健身环境的建设与优化，必须首先从规划上将生态型社区及社区景观体育建设纳入城市生态环境规划和建设的大格局统一考虑，强调人回归自然，社区融于自然，自然与人共生，体育与景观融合，人与体育共同发展。其次，和谐型、环保型、清洁型社区是生态社区建设的根本标志。追求最小的生态冲突和最佳的资源利用，节地、节水、节能，改善生态环境，减少环境污染，持续高效地利用一切资源，形成社会、经济、自然可持续发展的人类理想的居住地是现代生态化社区的建设目标。景观是能够使人们触摸、走动、欣赏、驻足、休闲的地方，它利用一种更具亲和力的形式表达了对空间的感觉，体现了参与性与展示性。体育景观要考虑民众在此驻足、参与、体验的空间和设施，具有可进入性和可操作性，增强参与性和互动性，创设出体验性环境，拉近人们与体育的距离，激发人们内心的运动热情，营造想要体验、乐于参与体育运动的氛围。因此，生态社区和体育景观的有机融合是社区景观体育的核心和要旨。再次，科学规划，因地就势，实现社区环境与区域自然环境、景观体育资源和谐共存。按照城市建筑社区绿化标准，合理规划社区建筑容积率，使静态建筑与社区动态环境有机融合。道路宽度适当，方便快捷通畅，安全适用，满足生活、休闲、健身、经营、消防、救护等要求。最后，合理划区，适度布局体育景观，使绿色植被总量适宜、布局合理，满园清新宜人，总体呈现“房在林中、路在树中、人在景中，运动在景观中”的绿色生态体系。

第二节 城市社区景观健身环境与居民体育活动的相互影响分析

作为全民健身的一个重要平台，社区体育是城市体育、社会体育的重要组成部分。城市社区景观健身环境丰富了社区居民的体育锻炼手段，强化了社区居民的体育锻炼意识，改变了社区居民的体育价值观，推动了体育生活化的进程，进一步推进了全民健身战略的实施。本节通过调研分析城市社区景观健身环境在促进全民健身方面的作用。

一、城市社区景观健身环境丰富了居民的体育锻炼手段

城市社区景观环境与居民体育活动的结合，增强了居民的健身意识、丰富了居民的健身方式、拓展了居民的健身项目、扩大了健身群体的范围，尤其为户外运动项目增添了活力；突破了以往社区居民在体育场馆和特定运动场所进行身体锻炼的传统观念，使更多的居民乐于走到户外、走向自然，为多样化体育休闲健身活动的开展开辟了新的思路。与以往一些传统体育项目，如篮球、足球、羽毛球、网球、游泳等需要特定的场地设施不同，越来越多的人更加注重参与户外有氧运动。表 4–1 显示，城市社区开展的体育活动——健身操、太极拳和其他武术、体育舞蹈、跑步和散步、棋牌类、地域项目（陀螺、毽球等）以及旱冰、滑板、健身路径等项目大多不需要专门的场地设施，尤其是居民首选的跑步和散步项目，走出家门，走到楼下，在社区环境中就近就地便可以进行，使得社区居民的日常锻炼更加灵活、方便可行。

表 4-1　城市社区开展体育活动项目调查表（n=300）

项目	人数	百分比/%	排序
健身操	49	16.3	2
球类	39	13.0	4
太极拳和其他武术	39	13.0	4
体育舞蹈	41	13.6	3
跑步和散步	53	17.6	1
棋牌类	19	6.8	7
地域项目（陀螺、毽球等）	12	4.0	8
旱冰、滑板	10	3.2	9
健身路径	30	10.0	6
其他	8	2.5	10
合计	300	100	—

二、城市社区景观健身环境强化了居民的体育锻炼意识

城市社区景观健身环境建设对个体体育锻炼意识的形成、体育兴趣的激发和体育习惯的养成有着显著影响。另外，快速发展的经济社会带来的激烈竞争使人们的身心发展承受着巨大的压力，使人容易处于一种亚健康状态，而处在良好的生态社区景观环境中能够有效缓解快节奏生活带来的压力，使人结识更多的朋友，有利于交流，从而获得愉悦感（表 4-2）。

表 4-2 城市社区景观健身环境对居民在社区进行体育活动的影响调查（n=300）

产生的影响	非常同意占比/%	同意占比/%	不一定占比/%	不同意占比/%	很不同意占比/%
社区良好的景观健身环境对参加社区体育活动的个体体育锻炼意识影响很大	20.6	54.7	19.7	3.6	1.5
社区良好的景观健身环境有利于人们经常性参加社区体育活动，激发对体育的浓厚兴趣	19.5	60.8	13.4	5.5	0.9
社区良好的景观健身环境对延续学校养成的体育锻炼习惯有积极作用	17.1	49.0	21.3	11.8	0.7
在社区良好的景观健身环境中开展社区体育活动更能缓解快节奏生活带来的压力	19.9	56.4	17.9	4.8	1.1
社区良好的景观健身环境有利于学习体育锻炼知识和掌握锻炼的方法	13.0	52.2	19.6	11.7	3.6
社区良好的景观健身环境有利于人们在社区参加锻炼，结识更多的朋友	13.9	55.4	22.7	6.5	1.5

三、城市社区景观健身环境改变了居民的体育价值观

体育价值观是个人或社会对体育存在的意义和价值的认识，这种意义和价值决定了体育的发展方向。现代人的体育价值观受很多因素的影响，包括体育认知、体育情感、体育态度等，还有一个影响因素就是“榜样”效应，如现代社区里的体育爱好者往往都是受到体育精英、竞赛冠军、健身达人、体育迷等的影响，社区体育发挥了其“熟人追捧”效应，使他们因为经常性的碰面而成为熟人型、亲切型、爱打招呼的街坊邻里的熟人，这些体育爱好者对体育的热爱、经常性的聚集锻炼以及在社区公共区域进

行体育锻炼时外显的娴熟的技术、流畅的动作、健康的体态无不展示了体育运动的魅力，人们正是通过这种参与或者观看、欣赏的模式而逐渐聚集在一起进行锻炼的，这也正彰显了社区体育的亲和力和凝聚力。

同时，在城市社区景观健身环境中展示的体育名人的雕塑、体育精神的格言以及知名体育赛事的宣传等对社区居民的体育认知、体育情感、体育态度、体育习惯等体育价值观的形成有着重要的影响和塑造功能。景观体育的这种魅力使现代人，尤其是体育爱好者参加体育锻炼的目标不再局限于生物意义上的强身健体，而更看重如何将生活方式、思维方式、价值观念以及心理需要的发展趋于健康、科学和文明。

笔者通过走访社区居民得知，近些年城市社区居民体育意识的逐步提升，一方面得益于社区体育环境的优化，另一方面得益于越来越壮大的社区锻炼人群，他们或单独，或三三两两，或结为小群体。外显的景观环境和社区锻炼氛围在无意中强化了居民对体育锻炼在防病、塑身、社交、情感、生活态度等方面的作用的认知，同时这种城市社区景观健身环境和氛围也增强了个体对体育锻炼的热情、持续性，逐步改变了他们对体育的认识，使他们慢慢养成了体育生活化的行为方式，对个体健身、个体健康以及全民健身、健康中国也有了新的认知。

四、城市社区景观健身环境强化了居民的体育锻炼行为

体育行为是人类的一种特殊的社会性行为，是人类有目的、有意识地利用各种手段和方法，为满足某种体育需要而进行的活动。景观体育因其时尚性和观赏性强引领着大众锻炼行为。国家体育总局社会体育指导中心将时尚体育定义为经过一段时间的凝固，被人们普遍采用、最为流行的，以健身、健心、益智、娱乐、休闲、社交为目的的社会体育项目。其本义为一切流行的社会体育项目，既包括可以竞技的各项运动，也包括以一个人的体育活动为主的健身娱乐活动。社区景观体育之所以具有时尚性，是

因为它突破了传统的束缚，其形式标新立异，将美丽独特的社区自然景观、人文景观与展现体育精神、健康活力、时代风貌的体育运动相结合，将封闭状态的体育馆内的体育活动移植到居民日常生活的社区景观中，使自身在形式上获得了时尚、亲民元素。在社区景观大环境中进行的体育赛事，任何社区的居民都有免费观赏的权利和自由。推行社区景观体育赛事，一方面可提高体育的影响力，另一方面可激发社区居民的体育参与热情。近年来，日渐成熟的“15 分钟健身圈”活动、球类等大众健身项目比赛以及社区之间的健身圈的融合沟通等居民喜闻乐见的、参与度高的体育赛事走进了社区，拉近了体育与居民的距离，无意中增强了体育赛事的观赏性。正因如此，体育赛事对社区居民体育锻炼行为的影响是值得肯定的，影响效果也是不言而喻的。

西安市一个社区连续几年举办的业主健身跑活动就产生了很好的影响。例如，2016 年开始的“华清学府城”园区业主健身跑，每届都吸引了千余名业主参赛，上至六七十岁的老人，下至七八岁的儿童；除了健身跑外，还增设了家庭跑项目，体育赛事线路贯穿园区各主要功能服务区，如学校、幼儿园、商业服务区、园区休闲景观群、健身区等。参赛业主中有广场类运动爱好者、马拉松高手、体育积极分子等，他们通过跑步线路将园区串联起来，一方面增进了社区居民的沟通了解，营造了一种团结、凝聚的社区文化氛围；另一方面，居民通过亲身参与可充分了解和欣赏社区景观大环境，并提出改进和优化建议，对社区工作也起到了良好的宣传效果，形成“社区是我家，我爱我的社区”的关爱行为和文明规范。

五、城市社区景观健身环境推动了居民体育生活化的进程

大众体育是我国体育事业的重要组成部分，对于增强国民体质、促进国民健康意义重大，也是现代社会文明进步的表征之一。而目前我国大众

体育锻炼的普及率不高，与《全民健身计划纲要》中实现体育生活化的要求还有一段距离。体育生活化的进程受到经济、社会、文化等多种因素的影响和制约。就体育自身而言，缺乏良好的体育活动环境和氛围是影响体育生活化进程的一个重要因素。而社区景观与体育的融合则可以为开展体育活动创造良好的条件，因为社区景观体育拉近了大众与体育的距离，就近的、美好的体育锻炼景观环境及运动设施，满足了居民下楼就近就地健身的需求，提高了居民体育运动的效率和积极性。这一切都有助于居民在良好的活动环境和活动氛围中主动接纳体育，提高了居民对体育助力健康的认知，增强了居民自主自觉地进行体育锻炼的意识，强化了日常体育锻炼的习惯和行为，从而有利于推动体育的生活化。另外，作为一种亚文化的当代体育，不仅可以吸引人们参加体育运动，还可以吸引人们欣赏体育运动，进而促使人们自觉支持体育运动。体育的参与精神与合作精神，使人们以体育锻炼为目的进行沟通交流，拉近了人们之间的距离，让人们摆脱了“鸽子笼”与“手机族”的束缚。在一定程度上，社区景观与体育的融合是体育向社会广泛展现体育魅力的方式，它有利于帮助体育树立更好的形象，获得更多的社会支持，从而使体育的价值得到进一步提升，这对于推动体育生活化是大有裨益的。

第三节　城市社区景观健身环境发展思路

社区景观体育对城市的发展有很大的促进作用，其带来的人流、物流、信息流与资金流，都大大提升了特定社区以及社区所在城市的地位、影响力及整体形象。针对城市社区景观健身环境发展存在的问题，本研究提出以下发展思路。

一、注重城市社区景观健身环境建设规划

为了改善城镇社区人居环境，提高城镇社区居民的生活品质，有关部门应以解决人民群众身边的小事为切入点，立足城市建筑密度高、可利用空间有限的实际情况，指导各地充分利用尚未利用的城镇边角地、插花地、街头绿地及城镇建筑物立体空间等，建成一批具有体育锻炼和文化休闲功能的城市社区景观健身环境；将城市社区景观健身环境建设作为民生实事纳入政府工作日程，作为提升城市生活品质的重要抓手。住房和城乡建设、文化体育、自然资源等部门制定工作台账，建立工作机制，加强沟通协作，破解困难问题，确保城市社区景观健身环境建设顺利推进。

二、加大城市社区景观健身环境的投资力度

城市社区景观健身环境与社区体育的发展关联度很高，应将其视为社区精神文化建设的一个重要组成部分，加之现有成熟社区有着得天独厚的景观优势，所以发展城市社区景观健身环境的力度应适度加大。但其较高的规划和建设成本，使合理、恰当的城市社区景观健身环境项目、投资规模、投资结构和资金投向变得尤为重要。此外，还应鼓励社会各界积极赞助城市景观产业发展，通过行政鼓励和市场运作方式，支持企事业单位或个人自愿资助和参与城市社区景观健身环境的建设、经营及管理，进一步带动其他产业的发展。

三、逐步构建城市社区景观健身环境建设标准体系

有关部门应将健康文化元素融入城市社区景观健身环境设计，将社区景观建到居民身边，使社区景观体现特色主题，用最科学的设计方案以及

最合理的规划布局来展示健康学以及美学等。同时落实《城市居住区规划设计标准》《城市社区多功能公共运动场配置要求》，针对城市社区景观健身环境选址与设计、体育设施、文化设施、配套设施、绿化环境和检验评价等进行建设指引，逐个类型规范建设面积、设施标准、设计布局、标志指引等。制定科学、合理的城市及城市社区景观健身环境发展规划，注意保护与开发相结合，处理好眼前利益与长远利益的关系，谋求共存发展的局面，做到人与自然和谐相处、景观环境与体育运动兼顾，以满足社区居民的体育运动需求，提高居住环境品质，助力全民健身计划的实施。

第五章
城市住宅区健身环境与居民体育活动

住宅区是居民生活最基本的构成单位，也是国家进行社区管理的最末端单位，因此城市住宅区的居民体育健身活动是城市最基础、最前端的体育元素。城市住宅区的体育健身环境是建设“群众身边的健身场地”的基本要求，是社区体育深化的基础，是全民健身工程向纵深发展的基础，对于扩大城市体育人口、提高居民的生活质量等起着促进作用。

第一节　城市住宅区健身环境与居民体育活动概述

近年来，在体育场地资源的配置方面，各级政府出台了系列政策、法规，投入了较多的经费，但与居民健身需求的较快增长仍然存在差距，形成了居民健身需求与体育场地供给之间的矛盾。其中，居住小区是与居民日常生活结合最为紧密、最为基础的体育场地设施及体育环境建设层级，对于居民的日常体育锻炼具有十分积极的作用。但是，目前在我国部分居住小区中，其锻炼环境、健身设施还存在一定程度的配置不充分、不均衡现象，并由此对居民就近便捷化锻炼的需求及效果产生了一定的负面影响。对此，我们需要在掌握问题产生原因的基础上有针对性地解决问题，优化现状。

一、城市住宅区居民健身活动对和谐社区发展的作用

城市住宅区楼下院落作为居民离家最近的户外活动场所，具有浓厚的生活气息，是居民走出家门最先接触的空间，是承载居民邻里生活行为的第一处户外场所。城市住宅区楼下院落既是家庭生活空间的延伸，又是邻里生活行为发生的场所，居民对它有深厚的情感。居民的邻里生活行为需求体现在住宅区院落空间的归属性、居民的户外活动、居民的邻里交往等方面，这些户外生活行为的发生可以促进邻里之间的交往，建立密切的人际关系。对城市住宅区楼下院落物质空间的合理改善可以使住宅区内良好的邻里关系与院落物质空间环境紧密结合，促进居住环境健康发展，保证居住生活的和谐、健康和安全。同时，有利于现代商品型住宅区缓解住宅单元楼的封闭隔离感和人们之间的陌生感，促进以家庭为单位的生活私密性和以邻里生活院落空间为纽带的邻里交往活动的协调统一。

居民除了具有对空间的归属感、邻里交往的需求外，对进行户外活动的需求也日益强烈。城市住宅区楼下院落是承载居民日常休闲健身活动的重要场所，与居民生活密切相关，构成了城市住宅区居民健身活动最基础的体育元素。实地观察发现，城市住宅区楼下院落成为承载儿童和老人户外活动最为重要的空间，这两个群体是城市住宅区楼下院落活动的主体。因此，可在院落空间中布局相应的场地设施，来满足居民的户外生活行为需求，尤其是儿童和老年人的活动需求。

二、城市住宅区体育行为与创建“宜居、乐居、安居”的住宅区健身环境的相互促进

城市住宅区属于城市社区部门、建设规划部门、房地产开发商等的管理范围，有完整的后勤保障、资金保障、土地资源供给、组织管理等方面的便利优势，能够从体育场地设施等方面全面、高效地保障全民健身的实施效果，打造“宜居、乐居、安居”的生活环境，极大地促进居住人群体育健身行为的发生，有助于和谐社区、和谐城市、和谐社会的创建和城市精神文明建设。数十年来，随着城市建设的加快，我国城市住宅区建设取得了巨大的成就，城市居民居住条件有了显著改善。在城市住宅内部条件逐渐改善的同时，居民对城市住宅区户外环境尤其是植被绿化、景观环境、锻炼场地设施等的需求和要求也越来越高。

城市住宅区体育行为是社区体育的延伸与细化，能更加精准地推进全民健身活动的开展，凸显建设“群众身边的体育场地”与居民日常化健身的融合发展，从微观视角体现全民健身在城市住宅区的开展情况，反射出城市住宅区健身环境对居民体育锻炼的积极性、主动性、日常性的影响，使城市住宅区健身环境建设彰显以人为本的理念，力促全民健身和健康中国建设有机融合，提高居民的体质健康水平，促进健康中国建设。

三、城市住宅区健身环境与居民体育活动融合的研究价值

本研究围绕城市住宅区健身环境对居民体育活动影响这一主题，探索居民健身需求发展变化和城市住宅区生态环境的相互融合、相互促进，以居民身边便利的城市住宅区健身环境为载体，引导居民走出家门，走到楼

下，引导大众健身走出传统的室内场馆，走向住宅区、城市公园、社区、城市空间等良好的健身环境。随着我国“宜居、乐居、安居”住宅区建设的不断推进，在城市住宅区健身环境建设过程中，在提高人民对美好生活的满意度方面，生态环境的打造是建设的重点。将城市住宅区的生态环境建设与居民健身活动相结合，能有效缓解城市居民健身环境需求与体育场地设施不足的矛盾，使城市住宅区的生态环境建设突出以人为本和全民健身的理念，满足人们对美好生活的向往，政府相关部门、建设单位、房地产开发商已经将这些政策从理念推向落地实施。

笔者以健康中国发展战略为契机，从城市住宅区生态环境对居民体育健身活动影响的新视角进行考证与分析，系统了解城市住宅区生态环境与住宅区内体育健身资源概况，并对其中的体育场地、设施总量、占地面积、分布以及植物绿化等资源进行摸底，实地考量城市住宅区居民健身特点与需求变化，规划设计城市住宅区生态环境的建设路径等。研究城市住宅区健身环境、场所需求的概况，对城市住宅区居民健身需求、城市住宅区体育健身特点、城市住宅区的健身环境建设与改善有一定的积极影响，是健康中国的深化和生态化社区体育的深化，对于寻求体育、环境、人之间的和谐统一发展，为政府相关部门、建设部门、房地产开发商等的决策者提供重要的参考意见和指导依据，构建城市住宅区生态环境与大众体育健身相契合的新模式，充实群众体育基础设施供给，使城市住宅区的健身环境建设在彰显以居民为本的理念、提高群众体育认可度、加速群众体育文化建设、夯实群众体育向更高质量发展、促进和谐社会的创建等方面具有重要意义，是近些年学术界围绕全民健身进行思考和探索的又一领域。

第二节　城市住宅区健身环境建设与居民体育活动需求

一、城市住宅区健身环境建设标准

近年来，“全民体育”已经成为我国体育发展的一个重要词汇，在这种氛围下，越来越多的居民对体育运动有了更高的积极性、参与性，而在居民体育锻炼热情积极上升的同时，对于体育锻炼环境、体育场地设施也有了更高的需求。体育环境、体育场地设施建设可以分为城市、区、社区以及居住小区四个不同的等级。其中，居住小区是与居民日常生活结合最为紧密、也是作用最大的体育环境、体育场地设施建设层级，对于居民的日常体育锻炼具有十分积极的作用。但是，目前我国部分居住小区所具有的体育锻炼环境、体育场地设施配套在一定程度上还存在不到位的现象，并对居民日常体育锻炼的需求、效果产生了一定的负面影响。对此，我们需要在掌握问题产生原因的基础上有针对性地对问题进行解决、优化。

在城镇化进程中，发展社区体育的基本载体是城市住宅区的体育场地设施，其规划与布局会直接影响全民健身计划的实施，并影响体育人口的增长。由住房和城乡建设部发布的《城市居住区规划设计标准》（GB 50180—2018）指导地方根据不同城市人口规模、地域面积，落实全民健身设施规划建设相关指标。与原规范相比，此标准的亮点之一是居住区人均公共绿地指标大幅增加，并强调了绿地的居民锻炼便捷性原则。亮点之二是居住区体育休闲设施用地与规划上有两大突破性修订：新建各级生活圈居住区应配套规划建设公共绿地，并应集中设置开展体育活动的居住区公园；提出了 15 分钟、10 分钟、5 分钟生活圈配置体育设施的方案。

如今，全民健身潮越来越火热，愿意定期参与体育活动的人越来越多。不过，“去哪儿健身”的问题还是没有得到有效解决，体育健身环境和设施仍旧无法满足人民群众的体育活动需求。走访发现，除了一些老旧小区外，城市部分商住小区开始配套修建休闲广场，配置体育设施，同时，城市公园、社区广场等公共场所的大众化健身器材也逐渐普遍化，而目前出台的《城市居住区规划设计标准》，从完善政策和标准的角度，把群众健身场地建设工作进一步落到实处，从根本上逐步解决群众“去哪儿健身”这个问题。①

二、城市住宅区居民体育活动需求新变化

（一）制约城市居民参加健身运动的因素

在对制约城市居民参加健身运动的因素调查（表 5-1）中，为了保持调查研究的延续性和探究城市居民健身运动多年来的变化情况，影响因子依然选用了前期调查设计的 9 条影响因素。结果表明，排名前四位的依然是运动环境差（没有气氛、运动场地少）（67.2%），没时间（50.8%），运动技能差、无人组织指导（44.8%），健身成本高（39.2%）。

表 5-1　制约城市居民参加健身运动的因素调查（n=250，多选项）

选项	人次	比例/%
没时间	127	50.8
没兴趣	53	21.2
运动环境差（没有气氛、运动场地少）	168	67.2
健身成本高	98	39.2

① 资料来源：《体育生活报》，2019 年 3 月 2 日。

续表

选项	人次	比例/%
没必要	11	4.4
身体差	14	5.6
运动技能差、无人组织指导	112	44.8
收入低	45	18
其他	9	3.6
本题有效填写	250	—

由此可见，在这四个影响因素中，城市住宅区居民身边的运动环境、运动场地、运动氛围仍是制约城市居民参加健身运动的首要因素。

（二）当个体健身行为发生时，居民对健身伙伴的选择意向

表 5-2 显示，当个体健身行为发生时，居民对健身伙伴的选择是和朋友在一起的占 47.2%，个人行为的占 30%，和家人一起的占 12%，和邻居一起的占 1.6%，无所谓的占 9.2%。

表 5-2　当个体健身行为发生时，居民对健身伙伴的选择意向调查（n=250）

选项	人次	比例/%
个人行为	75	30
和朋友一起	118	47.2
和家人一起	30	12
和邻居一起	4	1.6
无所谓	23	9.2
本题有效填写	250	—

通过深度访谈得知，和谁一起锻炼、去哪儿锻炼、参加什么项目的锻炼是居民在锻炼行为发生时要考虑的问题。随着居民健身行为的日常化和

健身时间的碎片化，居民在健身行为发生时，往往呈现出两种倾向：一类群体是有固定的健身伙伴、固定的健身时间、相对固定的健身场所和健身项目，他们倾向于和朋友一起健身，除了爱好健身以外，也是为了调节情绪、减轻压力和消遣娱乐、增进友谊等；而另一类群体在健身行为发生时，会考虑和家人，或者独自一人健身。第二类群体的健身活动往往发生在城市住宅区范围内。

（三）城市住宅区生态环境与体育场地设施意向选择

在考量良好的城市住宅区生态环境和良好的体育场地设施对于居民选择居住环境的影响时，居民的选择意向呈现出多元化趋势（表 5–3）。居民会优选兼备良好的城市住宅区生态环境和体育场地设施的小区环境，对选项进行归纳分析可以看出，居民对良好的城市住宅区生态环境的需求大于对良好的体育场地设施的需求。这也从侧面反映出目前居民对城市住宅区生态环境有了一定的要求，但是对城市住宅区里体育场地设施的配备仍缺乏准确的认知和要求。这也体现了居民对《城市居住区规划设计标准》不甚了解，在选择居住环境时没有考虑国家对于居住区内公共绿地、休闲、体育场地设施的配套标准和要求。这说明目前居民的体育活动权益及意识还处于发展阶段。

表 5–3　城市住宅区生态环境与体育场地设施意向选择的调查（*n*=250）

选项	人次	比例/%
良好的城市住宅区生态环境，良好的体育场地设施	162	64.8
城市住宅区生态环境优先，体育场地设施次之	47	18.8
良好的城市住宅区生态环境，体育场地设施一般	20	8.0
丰富的体育场地设施，城市住宅区生态环境一般	7	2.8
体育场地设施优先，城市住宅区生态环境次之	1	0.4
无所谓	13	5.3
本题有效填写	250	—

（四）城市住宅区居民健身活动发生时，对健身环境的选择

表 5–4 是城市住宅区居民健身活动发生时，对健身环境选择的调查。由此表可以看出当前居民在健身环境的选择上，还是钟情于城市公园、绿地环境，占 38.4%，公共体育空间环境和城市住宅区楼下环境分别占 20.8%和 20.4%，而社区环境只占 15.6%，说明城市住宅区居民对于健身环境的选择还是更倾向于健身设施完备的大环境，如免费公园、城市绿地以及城市公共体育空间环境，而在就近的城市住宅区楼下环境进行健身活动，属于中等要求。

通过进一步实地访谈得知，城市住宅区楼下环境中体育场地设施的数量和质量都不能确保居民常态化的锻炼行为。因为场地供给不充分，仅有的稍开阔的空旷区域往往被老人和儿童休闲活动占据。健身爱好者往往找不到合适的楼下体育活动区域。

表 5–4　城市住宅区居民健身活动发生时，对健身环境选择的调查（n=250）

选项	人次	比例/%
城市住宅区楼下环境	51	20.4
社区环境	39	15.6
城市公园、绿地环境	96	38.4
公共体育空间环境	52	20.8
无所谓	12	4.8
本题有效填写	250	—

（五）城市住宅区生态环境与健身资源结合情况的满意度

表 5–5 是对城市住宅区生态环境的满意度调查，调查发现居民对当前城市住宅区的生态环境表示一般满意的占 52.4%，比较满意的占 33.2%；表 5–6 是对城市住宅区生态环境与健身资源结合情况的满意度调查，调查显示一般满意的占 60%，比较满意的占 26.8%。

对表5-5、表5-6进行综合分析可以看出，目前居民对城市住宅区生态环境，表示比较满意的占33.2%，表示非常满意的占12%；对城市住宅区生态环境与健身资源结合情况，表示比较满意的占26.8%，表示非常满意的占8.4%。这说明城市住宅区的生态环境建设与健身资源的结合还有广阔的空间和道路要走，这就需要政府相关部门、建设部门、房地产开发商之间协同配合，为建设美好生态家园而持续努力。

表5-5　城市住宅区生态环境的满意度调查（*n*=250）

选项	人次	比例/%
非常满意	30	12
比较满意	83	33.2
一般满意	131	52.4
无所谓	6	2.4
本题有效填写	250	—

表5-6　城市住宅区生态环境与健身资源结合情况的满意度调查（*n*=250）

选项	人次	比例/%
非常满意	21	8.4
比较满意	67	26.8
一般满意	150	60
无所谓	12	4.8
本题有效填写	250	—

调查数据同时显示，居民对城市住宅区生态环境满意度包括非常满意、比较满意、一般满意的合计占比高达97.6%。这从另一个侧面展示了在城镇化进程中，生态化社区、生态化住宅区建设取得了一定程度的效果，尽管与《城市居住区规划设计标准》要求有一定的差距，但生态

化建设工作已全面启动并将持续推进。

（六）城市住宅区健身环境和体育场地设施需求

表 5–7 是对城市住宅区健身环境需求的调查。调查显示，居民对于城市住宅区的健身环境还是比较重视的，其中，需求比较高和非常高占了调查的 82%，说明居民还是希望有一个良好的城市住宅区健身环境；表 5–8 是对城市住宅区体育场地设施需求的调查。结果表明，需求一般高的排在第一位，占 45.6%；而需求比较高的排在第二位，占 38.4%，反映出居民对城市住宅区体育场地设施的需求并不是研究初期所设想的非常高或强烈需求。究其原因，结合表 5–5 至表 5–8 分析后发现，居民对于城市住宅区健身环境的需求是比较高的，而居民对城市住宅区生态环境中的健身设施的需求则不是很高，只要满足居民日常的健身需求即可。

表 5–7　城市住宅区健身环境需求的调查（*n*=250）

选项	人次	比例/%
非常高	72	28.8
比较高	133	53.2
一般高	42	16.8
无所谓	3	1.2
本题有效填写	250	—

表 5–8　城市住宅区体育场地设施需求的调查（*n*=250）

选项	人次	比例/%
非常高	25	10
比较高	96	38.4
一般高	114	45.6
无所谓	15	6
本题有效填写	250	—

通过进一步访谈了解到，这也和城市住宅区不专业的体育锻炼环境和不完备的健身设施有关，城市住宅区楼下仅有的空闲环境往往被老人和儿童休闲活动占据。居民对城市住宅区楼下的健身环境是很期待的，只是客观环境还不能满足他们的日常健身需求。同时，城市体育的又一个新动向也在改变着居民对于健身空间和环境的选择——城市公共空间中、体育运动公园或大中型公园绿地中智慧跑道的出现吸引了更多人群进行健身活动。

三、城市住宅区环境与居民健身二者融合分析

（一）城市居民参与健身活动动机调查分析

城市居民参与健身活动动机的调查结果（表 5-9）显示，通过 20 年的全民健身工程的实施及国家出台的一系列促进全民健身活动开展的政策、法规的激励引导，城市居民参与健身活动动机排在前三位的依然是健体（52%）、减肥（18%）、休闲（11.6%），三者占了调查动机的 81.6%。排在中间的则是习惯（6.4%）、交流（3.6%）、受人影响（2.8%）。由此可见，居民对于健身活动的最初目的和需求动机基本上没有什么变化。居民进行体育健身活动的动机就是强健身体、减肥和休闲，从这方面来看，城市居住区生态环境中的体育场地设施更符合城市居民居住的需求，也更能够影响他们参与体育健身活动的动机和积极性。

表 5-9　城市居民参与健身活动动机的调查（n=250）

选项	人次	比例/%
健体	130	52
交流	9	3.6
休闲	29	11.6
习惯	16	6.4
减肥	45	18

续表

选项	人次	比例/%
展示	0	0
受人影响	7	2.8
其他	5	2
无动机	9	3.6
本题有效填写	250	—

（二）城市住宅区居民日常参加的健身项目调查

表 5-10 是对城市住宅区居民日常参加的健身项目的调查。笔者将选取的 20 多个选项归类为对场地器材要求不高、实施难度不大、符合在城市住宅区建设布局的健身项目（健身走跑类，舞蹈类、操类、武术类群众健身项目），以及对场地器材要求较高的大球类项目和对场地器材要求较低的、可在居住区环境内实现的小球类项目和其他类别项目，见表 5-11。

表 5-10　城市住宅区居民日常参加的健身项目的调查（*n*=250，多选项）

选项	人次	比例/%	排序
跑步	159	63.6	1
健身走	87	34.8	2
休闲走	70	28	3
羽毛球	68	27.2	4
器械健身	56	22.4	5
乒乓球	44	17.6	6
篮球	40	16	7
健身操	33	13.2	8
跳绳	32	12.8	9

续表

选项	人次	比例/%	排序
其他	26	10.4	10
棋牌类	21	8.4	11
网球	17	6.8	12
广场舞	14	5.6	13
太极拳	12	4.8	14
足球	11	4.4	15
毽球	5	2	16
交谊舞	5	2	17
气功	5	2	18
排球	4	1.6	19
没有参加过	2	0.8	20
其他武术	2	0.8	21
陀螺	1	0.4	22
本题有效填写	250	—	—

表 5-11　城市住宅区居民日常参加的健身项目归类分析（n=250，多选项）

类别	选项	人次	比例/%
健身走跑类	跑步、健身走、休闲走	316	44.3
舞蹈类、操类、武术类	广场舞、交谊舞、健身操、太极拳、气功、其他武术、毽球、跳绳、棋牌、健身器械	241	33.8
对场地器材要求较高的大球类项目	足球、篮球、排球	55	7.7
对场地器材要求较低的小球类项目	乒乓球、羽毛球、网球、陀螺	129	18.1
其他	—	26	3.6
没有参加过	—	2	0.3
本题有效填写	—	250	—

结果表明，健身走跑类（跑步、健身走、休闲走）占比 44.3%，舞蹈类、操类、武术类（广场舞、交谊舞、健身操、太极拳、气功、其他武术、毽球、跳绳、棋牌、健身器械）占比 33.8%。通过实地访谈得知，居民日常体育活动一般为走跑类项目，其次是舞蹈类、操类、武术类项目，排名第三的是对场地器材要求较低的小球类项目。受限于城市住宅区体育健身活动场地的客观情况，居民只好选择这些锻炼活动。如果城市住宅区体育健身环境达到一定的标准，居民们的日常锻炼项目也会变得丰富和多样化。

（三）城市住宅区健身圈最理想的到达时间的调查

对城市住宅区健身圈最理想的到达时间的调查（表 5–12）显示，5～10 分钟的占了 35.2%，15 分钟以上的占了 22.4%，10～15 分钟的占了 21.6%，5 分钟以内的占了 15.6%，无所谓的占了 5.2%。根据目前普遍主张“15 分钟健身圈”的建设理念，本次研究将“15 分钟以上”到达归为一类。通过实地访谈得知，居民希望有一个较好的健身环境和健身场地器材圈子，所以对于 15 分钟左右可以到达的健身环境，居民的态度是接受的。同时，居民对于城市住宅区就近、就地，具有良好的健身环境是非常需要和期待的。因此，居民身边城市住宅区生态环境中健身圈的建设，能够符合和满足城市居民更多人群健身的需求。在城市建设过程中，城市住宅区生态环境建设配套健身设施是一种比较经济可行的建设模式。

表 5–12 城市住宅区健身圈最理想的到达时间的调查（n=250）

选项	人次	比例/%
5 分钟以内	39	15.6
5～10 分钟	88	35.2
10～15 分钟	54	21.6
15 分钟以上	56	22.4
无所谓	13	5.2
本题有效填写	250	—

（四）城市居民选择体育健身活动场地的调查

表 5-13 是对城市居民选择体育健身活动场地的调查，与笔者 2013 年的实地调查和 2014 年全国普查数据进行比较，其排名顺序基本上没有大的变化，排名前四位的依旧是城市公园（47.2%）、城市住宅区内场地（39.2%）、城市广场等公共场所（38.8%）和城市社区场地（30.4%）。由此可看出，随着生活质量的提高和居民对健身环境的需求的增长，居民最基本的健身活动场地环境的需求并没有很大的变化。在健身活动场地选择调查中，城市住宅区内场地位居第二。这说明居民对于城市住宅区楼下就近的锻炼环境是非常需要和期待的。因此，城市规划部门应当加大城市住宅区健身环境和场地等的建设和优化，为居民提供更多更好的健身环境，满足城市居民的健身需求。

表 5-13　城市居民选择体育健身活动场地的调查（n=250，多选项）

选项	人次	比例/%	排序
城市广场等公共场所	97	38.8	3
城市社区场地	76	30.4	4
单位场地	63	25.2	7
城市住宅区内场地	98	39.2	2
自家庭院或室内	69	27.6	6
公路或街道绿化场所	51	20.4	8
收费体育场所	41	16.4	9
城市公园	118	47.2	1
城市郊外树林、堤坝、草地等	70	28	5
本题有效填写	250	—	—

（五）城市住宅区健身服务需求的调查

在对城市住宅区健身服务需求的调查（表 5-14）中，人们对于体育场地设施的需求占59.6%，远远超过其他健身服务需求［科学健身信息与指导（20.4%）、体育健身组织（9.2%）、体质测量与评定（7.2%）］的总和，说明在城市住宅区内“体育场地设施”为居民的最大需求，而科学健身信息与指导、体育健身组织以及体质测量与评定居于次要位置。这也验证了目前影响城市居民健身活动的一大因素为体育场地设施供应不充分。

表 5-14　城市住宅区健身服务需求的调查（n=250，多选项）

选项	人次	比例/%
体育场地设施	149	59.6
科学健身信息与指导	51	20.4
体质测量与评定	18	7.2
体育健身组织	23	9.2
其他	9	3.6
本题有效填写	250	—

（六）城市住宅区健身环境应具备的体育功能的调查

表 5-15 是城市住宅区健身环境应具备的体育功能的调查，由此可以看出提高身体素质和减轻压力、调节情绪分别以 84.8%和 72.8%的比例排在第一位和第二位，而减肥健美（41.2%）、消遣娱乐（40.4%）、防病治病（32.4%）分别排在第三位、第四位、第五位，这如实地反映了居民对城市住宅区健身环境应具备的体育功能的需求，这些需求也是目前城市住宅区环境建设与体育健身功能设施融合的主要方向。因此，在满足居民美好生活向往的前提下，城市住宅区的生态环境建设与体育健身功能设施的建设是相辅相成、相互促进和相互影响的。

表 5-15　城市住宅区健身环境应具备的体育功能的调查（n=250，多选项）

选项	人次	比例/%	排序
提高身体素质	212	84.8	1
消遣娱乐	101	40.4	4
防病治病	81	32.4	5
减轻压力、调节情绪	182	72.8	2
减肥、健美	103	41.2	3
提高运动技能技巧	77	30.8	6
社交	60	24	7
其他	6	2.4	8
本题有效填写	250	—	—

（七）城市住宅区健身设施对居民下楼健身活动动机的影响调查

表 5-16 是对城市住宅区健身设施对居民下楼进行健身活动的动力或动机的影响调查。此次调查结果反映出：调查人群对于城市住宅区楼下健身设施对自己健身意愿的影响，觉得非常有影响和有较大影响的占到 48.8%，而有一般影响和无所谓的占到 51.2%。这和笔者预想的调查结果并不完全吻合。经深层访谈，探究其原因发现，在已经有健身习惯和健身爱好的人群中，一部分人有相对固定的健身时间和固定的健身场所，并不会仅仅依赖城市住宅区楼下不很成熟的健身场地和健身设施；另一部分人已经习惯利用碎片化的时间在城市住宅区楼下进行简单的健身活动，这部分人往往有较为固定的住宅区邻里健身组织，也有自发形成的健身项目，他们并不太在意楼下的健身环境和健身设施，因为有了相对稳定的健身团队，到了健身时间就会相约到楼下相对固定的地方开展健身活动。当然，他们也希望有较为满意的、就近的楼下健身场地和健身设施。

表 5–16 城市住宅区健身设施对居民下楼进行健身活动的动力或动机的影响调查（n=250）

选项	人次	比例/%
非常影响	47	18.8
较大影响	75	30
一般影响	102	40.8
无所谓	26	10.4
本题有效填写	250	—

四、城市住宅区健身环境与居民体育活动相互促进分析

（一）城市住宅区生态环境对居民个体参与体育活动影响的调查

表 5–17 是对城市住宅区生态环境对居民个体参与体育活动影响的调查。由此可以看出，居民对城市住宅区的生态环境对自身参与体育活动的影响作出非常积极的反馈，持肯定和赞成的态度，从而验证了城市住宅区生态环境可以增强居民个体健身意识，并促进居民个体体育兴趣的形成，有利于居民个体强化常态化体育健身行为，尤其是对居民个体锻炼习惯的坚持有积极作用，对居民个体日常体育锻炼频次、锻炼时长的增加有促进作用；而选择“对体育活动没有影响，只会带来心情上的愉悦”的人，仅占 18%。

城市住宅区是居民生活最基础的构成单位，实践证明，优美的城市住宅区生态环境、便利的健身设施，能够激发居民的运动动机，使每天运动成为习惯，有利于塑造积极文明的行为和生活习惯。因此，将城市住宅区的生态环境建设与城市住宅区的体育活动相结合，打造“宜居、乐居、安

居”住宅区，是利国利民的，是有利于城市精神文明建设与和谐家园建设的积极因素，国家应从政策和资金上给予支持与保障。

表 5–17 城市住宅区生态环境对居民个体参与体育活动影响的调查（n=250，多选项）

选项	人次	比例/%
对居民个体体育健身意识的增强影响很大	145	58
更能促进居民个体浓厚体育兴趣的形成	133	53.2
对居民个体体育锻炼习惯的坚持有积极作用	159	63.6
对居民个体日常体育锻炼频次、锻炼时长的增加有促进作用	146	58.4
有利于居民个体强化常态化体育健身行为	125	50
对体育活动没有影响，只会带来心情上的愉悦	45	18
本题有效填写	250	—

（二）城市住宅区生态环境改善所产生的效应调查

表 5–18 是关于城市住宅区生态环境因素改善所产生的效应调查。由此表可以看出，在城市住宅区生态环境改善对居民所产生的健身效应中，“使家庭成员逐渐摆脱‘久坐族’‘低头族’，走出楼房，到楼下健身，有利于减缓压力，促进家庭和睦”排在第一位，占 71.6%，而“激发居民就近、日常化的健身活动”排在第二位，占 63.2%，排名第三位、第四位、第五位的分别是“城市住宅区生态环境形成的健身氛围，有利于居民健康文明生活方式的形成，对意识形态、社会行为规范影响较大”“使居民愿意走出‘鸽子笼’式的楼房，就近下楼健身交流可以促进邻里关系的和谐”“城市住宅区生态环境改善有利于促进友好和谐的城市住宅区文化建设，实现人们对于‘美好生活向往’的最基层愿望”，分别占 61.2%、54.8%、48.8%，

它们之间的差距不是很大。通过分析调查得知，人们都对城市住宅区的生态环境的改善持赞同意见，认为良好的城市住宅区生态环境更有利于居民体育活动的发生，更有利于加强邻里之间和睦相处的社会精神文明建设，以及实现人们对美好生活向往的最基层愿望。因此，城市住宅区的生态环境建设与体育场地设施建设是满足与实现最基层人民的需求的。

表 5–18　城市住宅区生态环境因素改善产生的效应调查（n=250，多选项）

选项	人次	比例/%
激发居民就近、日常化的健身活动	158	63.2
使家庭成员逐渐摆脱“久坐族”“低头族”，走出楼房，到楼下健身，有利于减缓压力，促进家庭和睦	179	71.6
使居民愿意走出“鸽子笼”式的楼房，就近下楼健身交流可以促进邻里关系的和谐	137	54.8
城市住宅区生态环境形成的健身氛围，有利于居民健康文明生活方式的形成，对意识形态、社会行为规范影响较大	153	61.2
城市住宅区生态环境改善有利于促进友好和谐的城市住宅区文化建设，实现人们对于“美好生活向往”的最基层愿望	122	48.8
没有效应	1	0.4
本题有效填写	250	—

第三节　城市住宅区健身环境与居民体育活动需求趋势和发展

一、城市住宅区健身环境建设与居民体育活动行为的趋势分析

（一）城市住宅区健身环境建设标准与居民锻炼需求的逐步融合

城市住宅区的居民健身活动是社会最基础、最前端的体育元素，城市住宅区建设与规划目前已逐步注重居民日常锻炼和休闲的实际需求。《城市社区体育设施建设用地指标》《城市居住区规划设计标准》等有关政府指导性文件均对保障城市住宅区建设的体育设施标准进行规范性要求，这些文件将给城市住宅区体育设施建设提供有力保障，促进了城市住宅区体育健身环境建设与居民锻炼需求的逐步融合。

（二）居民对城市住宅区楼下健身环境的期待

研究结果显示，居民身边的健身环境、健身场地、健身氛围仍是制约城市居民参加健身活动的主要因素。目前，城市住宅区楼下环境中体育场地设施的数量与质量都不能确保居民常态化的锻炼行为。因为场地设施供给的不充分，居民在下班或者周末有健身意愿时，在城市住宅区楼下很难找到适宜的运动场地或健身设施，这也就打消了部分居民利用碎片化时间就近、短时间运动的念头。访谈得知，居民对城市住宅区楼下的健身环境和设施是很期待的。

（三）城市住宅区楼下健身环境对居民日常性健身项目的制约

调查显示，走跑类项目排在居民日常性健身项目的第一位，舞蹈类、操类、武术类项目排在第二位，排在第三位的是对场地器材要求较低的小

球类项目。因为受限于城市住宅区楼下健身场地环境、规模、种类等客观情况，居民只好选择对场地设施要求不高的少数锻炼项目。访谈得知，如果城市住宅区体育场地设施配置充分、丰富和多元化，居民就能够拓展日常锻炼的项目和锻炼时间。

（四）城市住宅区生态环境对居民参与健身活动的积极影响

城市住宅区是居民日常生活的最基层单位，绿色生态的城市住宅区环境、便捷可达的健身设施能够激发居民的健身意愿和运动动机，实现“想运动、乐运动、享运动”的目标。实践证明，城市住宅区生态环境对居民参与健身活动具有非常积极的作用：一是可以增强居民个体健身意识，促使居民养成锻炼的习惯；二是有利于居民个体强化常态化健身行为，尤其对居民锻炼频次、锻炼时长的保证具有明显的效果；三是有利于居民形成积极向上的生活态度和文明行为。

（五）城市住宅区生态环境建设与健身设施建设相配套的模式

城市住宅区环境是居民就近的健身场所，居民对于城市住宅区就近便捷、具有良好生态的健身环境是非常期待的，因此，按照国家“建居民身边最需要的运动场地”的政策要求，城市住宅区的规划和建设应该遵循生态环境建设与健身设施建设相配套的原则。实践证明，在城市发展中，城市住宅区生态环境建设配套健身设施是一种经济可行的建设模式，房地产开发商不论是从执行政府政策角度还是从自身经济效益角度，都应该考虑按照这一原则进行配套建设，营造城市住宅区生态化健身环境，进而促进生态城市的发展。

（六）城市住宅区生态环境对和谐社区发展的良好效应

调查显示，良好的城市住宅区生态环境，有利于居民健身活动的发生和健身行为的养成，有利于形成邻里之间和睦相处的社区文化，实现和满足人们对美好生活向往的最基本愿望和需求，对社区和城市发展具有积极的意义。

二、城市住宅区健身环境与居民体育活动需求的发展策略

（一）政府政策支持和资金支持是城市住宅区生态环境和场地融合发展的基础

有了政府部门的政策、制度、资金等顶层设计，才能确保城市住宅区生态环境与居民体育场地设施需求的共融和协调发展。因此，城市住宅区建设初期，应规划与现代城市发展需要、居民健身需求相匹配的体育场地设施，并以立法保障城市住宅区体育场地设施的配置。同时注意体育场地设施功能的多样性和受益大众化，优化和改善居住区生态环境和健身场地基础设施。只有这样，居民的体育健身习惯和行为才能日常化、持久化，也才能满足最基层居民的全面健身需求，在一定程度上有利于健康中国建设和全民健身的推进。

（二）遵循宏观布局分层推进的城市住宅区建设思路

在城市住宅区的规划建设方面，最优的选择是在规划和建设初期，将城市住宅区生态环境与体育场地设施相互融合，同步建设、同步发展，这样才能够最大限度地满足居民对美好生活向往的需求。但是受客观条件的限制，政府部门应宏观布局，在全面发展的理念下，分层次、分步骤地推进发展。从居民需求侧出发，首先应考虑良好的城市住宅区生态环境建设，其次是满足居民体育场地设施方面的需求。因此，应因地制宜，按照《城市居住区规划设计标准》和城市住宅区的人口规模，逐步地按计划推进城市住宅区公共绿化面积和配套的体育活动场地的规模及种类的补齐、优化工程。

（三）推进城市住宅区生态环境与居民体育行为的生态化发展

应适应国家生态文明建设的新需求，培养城市住宅区居民的生态意识

和生态习惯；根据城市住宅区居民体育活动项目的新需求和新变化，培养体育积极分子，扩大体育健身人口，使城市住宅区生态环境和城市住宅区居民的体育活动相互促进、相互影响，在一定条件下达到二者的相互促进与提升。更为重要的是，人居环境的建设应全面将体育设施、体育文化元素纳入其中，同样，体育也应从人居环境的建设需要出发，进行器材设计、制度安排、科普平台、人才培养等方面的创新建设，为体育融入人居环境奠定基础。随着体育促进全面健康的功能成为共识，体育和健康的互促机制不断被挖掘和利用，居民的生活方式将会具有诸多体育元素，以从日常行为上内化绿色生活方式的形成。

（四）注重需求，务实为民，促进居民体育活动的可持续发展

实践证明，多年以来，城市居民的健身项目和习惯没有发生多大的变化。因此，有关部门应以城市住宅区楼下环境为依托，贴近生活，注重需要，以城市住宅区居民的日常锻炼环境和场地设施的改善建设为首要任务，积极培养和稳定体育健身项目的参与人群，使城市住宅区居民的健身项目和活动得到可持续发展。

根据调研的结果和人们健身需求的特点，在进行城市住宅区生态环境建设和配套体育场地设施建设时，应当以满足居民日常基本健身需求的场地设施为主，如健身步道系统、适合操舞类的空间小广场和绿地等。应遵循就近就地的建设原则，可以以“15 分钟健身圈”进行规划，即 15 分钟以上的体育健身圈的建设，以大中型的城市公园绿地广场配以较专业化的体育场地设施建设为主；而 15 分钟以内的健身圈，尤其是 10 分钟以内的健身圈建设，以改善居民居住区的环境、开展满足人们日常健身锻炼需求的走跑类体育项目和操舞类项目为主。

第六章 城市健身环境资源的开发

随着全民健身理念的不断深化和居民健身行为的日常化，群众身边的全民健身工程的作用和价值日益凸显。因此，规划与设计城市全民健身工程应当立足居民健身实际，满足居民健身需求，优化使用功能，彰显生态功能，重视文化功能，体现科技功能，让城市全民健身工程在促进城市体育和群众体育发展中发挥更大作用。

第一节　城市健身环境资源开发的原则

城市健身环境的建设与发展离不开城市景观环境元素和城市体育活动元素两个方面，只有这两个方面有机结合、相辅相成，才能确保城市健身环境的发展落到实处和可持续。有关部门要将城市生态景观的观赏性与体育运动的实用性有机结合，最大限度地满足居民多层次、多方面的体育需求，城市健身环境的设计与建设应遵循以下原则。

一、贴近生活原则

城市健身环境下的体育场地设施布局和建设要以可持续发展和为人民服务的思想为宗旨，实现体育、环境、人之间的和谐统一。秉承绿色环境与科学健身相结合的理念，构建设施功能完备的生态活动区域、便捷易用的合理健身设施、常态化的居民健身三者有效融合社区场景。布局时要充分考虑健身行为发生时的现实环境，从居民体育健身的需求出发，考虑居民体育活动需要的体育场地设施的类型，这些体育场地设施与城市生态环境建设要有契合点和融合性。城市景观、城市绿地、城市体育设施、城市体育广场和城市健身整体环境的结合要体现整体性、和谐性和实用性，切忌盲目性和功利性。实地调查显示，城市居民进行体育活动的范围以 15 分钟以内的路程为最佳半径，城市健身环境的整体规划建设要尽可能地满足这一要求。同时，在布局城市社区和住宅区体育场地设施时，要充分考虑运动项目的特点和居民运动时间的偏好。相对安静的器械健身区，可合理安置在居民住宅楼下的花园及绿植的周围；广场舞、健身操等大音量、占地范围较大的健身项目，应适度布局在远离居民住宅区的空旷场地；健身走、跑步项目，可规划在这两个区域的连接点上。场地设施布局的科学性和可达性可以在有限的城市健身环境中构建出既满足居民健身需求，又呈现出生态价值的城市绿色空间，从而促进现代城市生态建设的可持续发展。

二、科学合理原则

科学合理的城市健身环境设计首先要从城市建设的客观条件出发，从城市居民的健身需求出发，规划和设计城市体育场地设施，以满足不同年龄、性别，不同健身习惯和健身行为的各类人群科学健身的需要。只有这样，才能立足于可持续发展的高点，设计出科学合理的城市健身环境布局，符合城市体育的整体性和客观性；其次，城市健身环境设计要注意各体育健身功能区域的联系，将各个健身功能区按一定的布局原则和路线进行连通，如以用于健身方面的体育设施器材和用于舞蹈类、武术类等休闲娱乐项目的场地周围环境为“点”，以连接各“点”的绿色生态健身路径为“线”，这个“线”要适合居民进行健身走和跑步的功能需求，且在视觉布局上配以城市健身空间环境的绿色景观，这样的“点”“线”结合，就形成具有一定运动健身功能区域的“面”，多个具有健身功能区域的“面”就形成“片”。于是，城市健身环境空间内景观环境与体育场地设施的结合会形成一个点、线、面及片的布局，形成一个较为成熟合理的设计方案。

三、因地制宜原则

在绿色健康城市发展中，为提高居民的生活满意度，城市的生态环境需要进一步提升。在整体布局上，基本依照城市现有的绿地、湖泊、休闲广场、绿化道路等自然生态环境进行优化，首先要提供给居民一个良好的生活环境，并注重良好的城市健身环境的搭建。但是，社区和住宅区健身环境建设目前基本是以生态建设的绿化为主，社区和住宅区体育健身设施建设只能作为其中的一部分，仍处于从属地位，而这又仅限于健身设施器材的摆放和满足居民体育活动需求的基本功能，没有过多考虑健身设施与生态环境结合的整体布局。因此，在进行城市健身环境建设时，要借助生态建设之手，突出体育特色，因地制宜，做到景观生态环境与体育活动的合理结合。尤其在社区和住宅区健身环境提升过程中，应充分考虑居民日常运动锻炼的实际需求，使生态环境建设与体育健身设施建设相互依托、彼此互补。小到居住区内部的健康运动休闲空间，大到城市范围内大型体育运动锻炼场馆，给居民营造一个健康轻松的运动健身环境。

四、注重需要原则

城市健身环境的建设，一定要注意将城市范围内的园林景观和建筑景观等巧妙融合，为居民健身生活化、科学化提供客观条件。设计时要从贴近居民生活的非专业的体育休闲场所和适合大众的各类健康运动空间的角度出发，合理利用城市空间范围内现有的绿地、湖泊、休闲广场、绿化道路等自然景观，顺应居民的实际活动需求，将这些元素科学地与居民喜爱的健身休闲活动相结合，力求体现生态化和人性化达到人和自然的和谐统一。城市生态健身环境在功能上与体育设施相呼应，将城市住宅区居民的健身活动融入自然景色，从而达到生态健身的效果。要立足实际，注重需求，脚踏实地，只有这样才能创造出富有活力和亲和力的城市体育健身环境。

第二节　城市健身环境资源开发的路径

在社会发展的新时代，城市全民健身工程设计既要遵循城市发展的整体规划，又要满足人民群众对健身的需求。在内涵维度上，新时代城市全民健康工程的设计是在“绿色生态”理念的指导下将城市建设与居民健身需求合二为一的多维度设计。科学规划与设计全民健身工程，能够为我国全民健身发展提供更为广阔的空间，增强全民健身的实效。本研究以习近平新时代中国特色社会主义思想为指导，以《“健康中国 2030”规划纲要》《全民健身计划（2016—2020 年）》等政策为依据，从政治、经济、文化、社会、科技 5 个方面诠释了城市健身环境资源开发目标下的新时代全民健身工程设计的生态学路径。

一、政治路径：以习近平生态文明思想为指导，做好顶层设计

坚持以习近平生态文明思想为指导，目的在于明确新时代全民健身工程建设的战略作用。新时代城市全民健身工程的建设要遵循“环境友好型和资源节约型”的理念，重视历史文化和风貌特色保护，以可持续发展和为居民服务的思想为根本宗旨，达到绿色生态环境与居民体育运动、科学健身的有效融合，追求环境、居民、体育的和谐统一。

政府在建设布局时要发挥自身的生态引导作用，充分考虑城市环境的现实条件，做好顶层设计。在具体实践中政府应做到如下三点：①城市全民健身工程建设要与城市自然、社会环境协调统一。布局的合理性和便捷性将确保在有限的城市空间中营造出既符合全民健身需求，又具有生态价值的城市绿色空间。②城市全民健身工程的设计要体现便利性与全域性，设计中要从贴近居民生活并适宜于大众的各类健康运动空间的角度考虑，合理利用绿地、湖泊等城市自然环境，合理地规划和科学利用这些元素，满足不同年龄、性别，不同健身习惯和消费能力居民的科学健身需求，将健身空间环境与都市居民关注生命、享受生活的需求放在首要位置，体现健身环境和健身工程的生态化和人性化。③布局时要注重对居民健身行为的引导，从居民健身锻炼的需求出发，在城市环境中搭建设施齐全、功能完备、便捷易用的体育活动区域，引导居民投入常态化健身活动，达到城市环境与体育运动、科学健身的有效结合。

二、经济路径：培植体育+生态产业链，实现体育跨界治理

城市全民健身工程体系的长效运转有赖于建立以生态导向与体育关联产业为主线的跨界产业协同发展平台，推动社会资源的交流与共享。新时

代，社会的融通性越来越强，跨界协同的作用日益凸显。对此，宏观上要调整体育产业结构，借助跨界力量为体育产业的发展注入活力，使之成为未来体育产业发展和开辟更大体量市场的新动力，推动体育与养老服务、文化创意和设计服务等的融合，延伸体育产业链，创建新型体育产业生态圈，不断提高体育跨界治理的综合能力。微观上要积极发展体育服务业与生态产业，进一步优化体育产业营商环境，鼓励社会力量兴办体育健康产业，加快促进体育与各行各业的协同平台建设，建立体育生态产业集聚区，开创生态度假村与多元功能的绿色工程体系，充分利用“互联网+”的作用，鼓励交互融通，实现体育产业与生态理念的跨界发展。

三、文化路径：革新体育健身理念，实现体育生活化

生活方式体现了社会文化系统、自然系统和生态系统的全部要素，展现了一个国家和民族的进步、素质以及优良传统与习惯。体育不仅从生物角度促进人们的健康，更从情感、意识形态方面塑造人们的积极心态。随着人类文明由工业文明向生态文明的跃进，建设健康生态环境不仅成为时代的需求，更成为全面建成小康社会的重要内容。“十三五”以来，中共中央、国务院高度重视生态文明建设，将生态文明建设上升为国家战略，加强生态环境综合治理，加快补齐生态环境短板成为当前的核心任务。体育作为人与自然沟通的信使，必然承担着建设健康生态环境的任务。要进一步发挥体育的“治未病”功能，革新体育健身理念，推动大体育观的传播；全面普及体育健康常识，优化体育公共服务，完善体育保障体系，建设体育健康实现路径，完善体育健康人文环境，倡导绿色生活、健康生活。思想要先于行动，城市全民健身工程的设计第一步也是思想的树立。我们要在党的领导下，始终坚持“以人为本”的理念，坚持健康优先、改革创新、科学发展、公平公正的原则，树立“大健康、大体育”的观念，建设健康和谐的人居环境。大体育观的实质是习近平新时代中国特色社会主义思想

的科学体系在体育领域的创新运用，新时代必须大力夯实体育生活化、生态化的发展基础，发挥大体育观的引领作用，提升体育事业的服务质量，创新体制机制，促进全民健身事业的大发展、大繁荣。

四、社会路径：协同开发，实现城市全民健身工程高效利用

新时代的城市建设以民生为本，群策群力，将城市环境与居民体育健身有机结合，建立城市全民健身工程保障体系，引导体育，特别是大众体育走出传统的体育馆，走向城市生态环境，构建生态城市空间。生态城市空间结构以生态、可持续、绿色为发展核心，构成要素之间要统筹考虑、协调发展。为了满足不同年龄、不同性别、不同习惯和不同消费能力的人群健身需求，城市全民健身工程的设计不仅要考虑社区、住宅区的客观条件，还要将居民、相关企业等纳入工程设计团队，建立城市全民健身工程开发与保障体系：一是要协调全民健身工程各责任主体的权责范围，厘清城市政府各部门、社会相关企业的责任与义务。二是要注意各体育健身功能区域之间的联系，实现城市空间布局的整体协调，如以城市中不同区域内用于健身方面的体育设施器材和用于舞蹈类、武术类等休闲娱乐项目的场地周围景观环境为“点”，以连接各“点”的绿色景观健身路径为“线”，构建居民生态健身圈。三是要协调民族传统体育项目、文化与城市建设的关系，注重对体育民俗文化的保护与弘扬，通过内化的民族体育文化引导群众形成健康的生活方式与行为，为城市全民健身工程的设计增加人文元素。四是要设立城市体育专项资金，协调群众体育与竞技体育的关系，普及大众日常健身活动，利用广场舞、体育舞蹈等群众基础好、普及度高的体育活动，以及冰雪运动、山地户外运动、水上运动等市场空间大的特色运动开展体育赛事，实现城市全民健身工程的高效利用。

五、科技路径：打造“健康之芯”大数据平台，实现生态长效机制

体育科技的发展是展现中国文化自信的重要组成部分。新时代城市的现代化建设离不开对互联网等科技的支持，优先发展建设互联网大数据平台，不仅能够促进健康中国的实现，还有助于弥补体育文化的短板，助力文化强国建设。以互联网大数据为媒介的体育综合应用平台具有大众性、便利性、普遍性，不仅能在很大程度上满足我国人民群众对科学健身与疾病防控的需求，还可以实现对全民健身工程的实时监督与信息化管理。全民健身工程生态理念的实现依赖体育与科技的完美融合。海量的体育人群数据背后隐藏着巨大的商业价值，要充分利用“互联网+大数据”的海量资源，一方面开发建立全民健身工程“云系统”，做好体育资源的科学管理与高效利用，使体育健康服务更加高效便捷；另一方面建立居民体育健身综合管理系统、健身人群实时动态监控系统、健身设施与场地监测系统、健身智能音响系统、健身一键呼叫系统以及园区大屏显示系统等，从多个层面保障居民有序、安全、便捷地进行体育锻炼。此外，在具体的平台建设中要研制并推广数字化健康医疗智能设备，规范和推动“互联网+健康医疗”服务体系与行业监督，加强城市健康医疗信息化复合型人才队伍建设，着力培养高层次、高素质、跨领域的研发人才与科研团队，逐步形成政府主导、权责明确、共建共享的城市“健康之芯”。

第三节　城市健身环境资源开发的模式

本研究以保障居民的健身利益不受损害为基本出发点，以促进全民健身发展、增强全民体质、实现体育生活化为目标，以资源统筹规划、合理

部署、注重实用为原则，运用系统工程理论、云技术、资源开发与管理相关理论，构建具有科学性、有效性、可持续发展的综合性体育健身环境开发模式。

一、结构模型

笔者从宏观视角出发，运用系统工程理论，将城市健身环境开发看作一个动态变化的整体，同时考虑健身环境开发的内外因素，结合管理学理论中的计划、组织、领导、控制等职能，构建城市健身环境开发模式结构模型（图 6-1）。

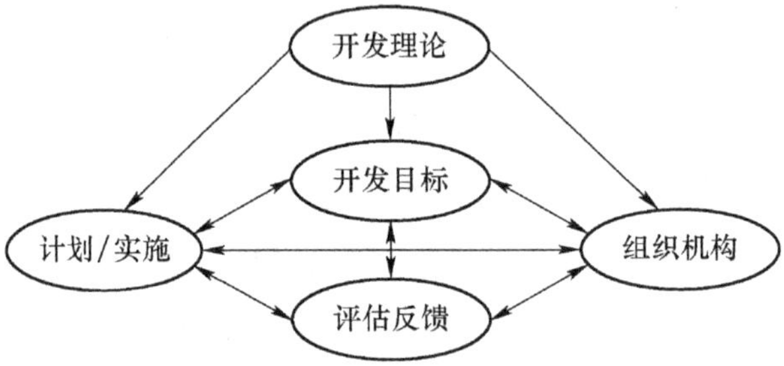

图 6-1　城市健身环境开发模式结构模型

在此模型中，开发目标、组织机构、计划 / 实施与评估反馈四个因素是相互联系、相互制约的，是模型的主体部分。因此，如何保证这四个因素的合理运行是城市健身环境顺利开发的关键。然而，开发理论直接影响开发目标、组织机构与计划 / 实施，即开发理论是城市健身环境开发工作的重要决定性因素之一，所以在工作之初选择符合我国基本国情的、科学的开发理论至关重要。有关部门应以缓解全民日益增长的体育健身需求与城市健身环境发展缓慢之间的矛盾为切入点，结合可持续发展战略，运用系统工程理论（构建开发模式的整体框架）、资源开发与管理中的资源配置理论（进行资源的分配）以及经济学中的运营理论（对收益进行评估）等来构建开发理论模型，并及时检测开发理论的时效性，保证其与时俱进，从而保障城市健身环境开发工作的方向准确性和科学有效性。

二、组织机构体系

本研究针对城市健身环境开发模式存在的组织管理机构运作不良这一问题，结合城市健身环境开发模式结构模型，提出城市健身环境开发组织机构体系（图 6–2）。

图 6–2　城市健身环境开发组织机构体系

目前，我国政府职能正在向服务型转变，我国提倡建设“小政府、大社会”的服务运作体系，在整体掌握我国政府的转型方向的基础上，构建以政府为主导、社会参与为主体的开发组织机构体系，可以很好地解决健身环境组织管理机构运作不良的问题。有关部门（主要由国家体育总局及其下设的体育管理部门和当地政府组成）起到宏观调控的作用；社会组织以当地健身组织为主，其他组织共同参与，保障城市健身环境的开发以公民的健身基本利益为出发点，符合公民多样化的需求；私人企业的参与主要考虑其形象及在本地区乃至全国的影响力，这样不但可以解决城市健身环境开发的资金问题，还可以提高城市健身活动的影响力。三者相互配合、相互协调，共同完成城市—社区—住宅区健身环境开发目标的设定、计划的实施以及评估反馈等工作。这样的开发组织机构体系一方面可以缓解公民对城市—社区—住宅区体育健身活动需求旺盛与健身环境发展缓慢的矛盾，另一方面可以解决城市健身环境开发过程中的资金短缺问题，从而使城市健身环境的开发更贴合实际，为全民健身事业做出应有的贡献。

三、计划/实施系统

开发计划的制订与实施过程是城市健身环境开发的中心环节。本研究以系统工程中的控制论、系统最优化理论为理论基础，以解决城市健身环境开发过程中计划的选择与实施所面临的问题为出发点，结合城市健身环境开发模式结构模型，研究城市健身环境开发计划/实施系统的构建（图 6–3）。

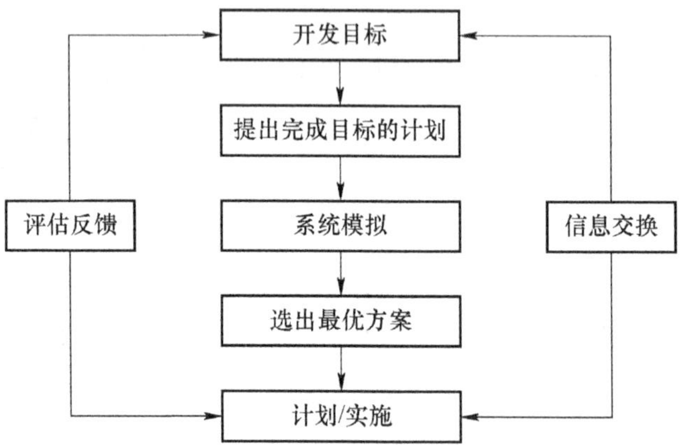

图 6–3　城市健身环境开发计划/实施系统

计划/实施系统是城市健身环境开发中的一个动态子系统，是将理论落实到实践的重要保障。根据开发目标，组织机构各部门提出完成目标的计划，并将计划汇总，形成开发计划库，建立系统模拟方程，运用信息科学技术中的云技术将数据库导入系统模型加以量化，选出最优方案。按照此方案实施对城市—社区—住宅区健身环境的开发，可以保障以科学的手段进行资源开发，达到城市健身环境可持续发展的目的。城市健身环境开发计划/实施的过程中，要不断地探求市场供求关系，保障城市健身环境的开发不但具有时效性，还符合我国现阶段的基本国情。

四、评估与反馈体系

评估与反馈体系是从城市健身环境开发目标、组织机构以及开发计划/实施的责任、效率、功能、质量和公民对开发项目的满意度等方面进行统计分析、判断与完善而构建的体系（图 6–4）。

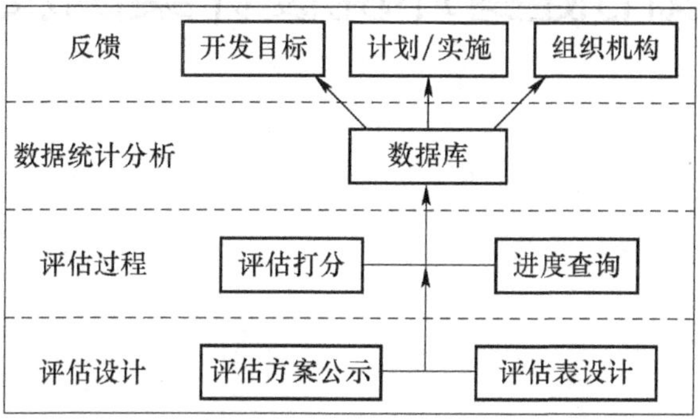

图 6–4　城市健身环境开发评估与反馈体系

根据系统工程中的控制论、信息论，本研究以管理职能为主线将评估与反馈系统分为评估设计、评估过程、数据统计分析和反馈四个阶段。每个阶段分工明确，有利于提高评估与反馈体系的工作效率，保障城市健身环境开发的科学有效，从而解决盲目开发所带来的资源浪费、生态环境破坏等问题。其中，在数据统计分析阶段，运用云技术，通过网络信息技术将庞大的评估信息处理程序自动拆分成无数个子程序，再交给由多部服务器所组成的数据统计分析系统，经搜寻、计算分析之后将处理结果自动分类并回传给用户。通过这项技术，评估与反馈体系的数据统计分析可以在短时间内完成，从而保障城市健身环境开发的科学合理。

第七章
城市健身环境设计案例及启示

城市健身环境的规划、建设与完善，总是与城市生态化、居民健身常态化有着紧密联系。为了推动新时代全民健身与城市发展的深度融合，解决目前城市居民日益增长的健身需求与健身环境资源发展不平衡、不充分之间的矛盾，新时期城市全民健身工程设计要将生态理念贯穿始终，健身环境规划建设的着力点主要是利用现有的生态公园、绿地广场、绿色廊道、生态社区、城市绿色公共空间等。加强城市绿色生态环境建设，有利于促进社会生态文明的建设。在绿色生态环境下配置体育运动设施和规划布局体育运动场所，使城市绿色生态与居民体育活动相结合，在生态环境优美的体育活动区，能够激发人们体育活动的积极性和持久性，增加体育人口，确保体育活动质量，促进全民健身计划的深入实施。

第一节　城市健身环境设计的原则

一、特色化原则

特色是一事物区别于其他事物的显著特征。特色化原则是指健身环境所呈现的独特风格和非同质化特征。随着国家对城市生态环境建设的不断投入，现在许多主题性质的城市环境及景观建设得到迅速发展，不再照搬照抄或盲目模仿西方造园手法在有限空间内设置大草坪、大铺装，以及西方雕塑小品的设计模式，而更多地在规划设计时体现景观的地域性、文化性特点。

城市环境与体育元素的结合设计突出特色化，本着立足当地文化和场地特征的原则，把本土文化与体育文化融入环境，根据具体的地理优势和景观资源创造出有吸引力的现代城市健身环境；通过合理布局、巧妙构思来设计城市健身环境，使之既有个性，又能满足人们的休闲体育活动需求，让人们在运动中增强对环境的认同感和归属感，以此创造城市特色健身环境。

二、绿色化原则

绿色化原则是指城市环境建设所秉承的绿色生态建设理念。绿色化是城市环境建设可持续发展的主题，而在“绿色”中营造体育活动的氛围，是生态体育的发展思路。体育绿色化是将林中空地作为体育运动场地使用的一种理念，如瑞士苏黎世州的体育公园中心系统中，设计师在开阔的林中空地上建造了体操场、体操馆，在草坪和硬质地面上建造了游戏场、游泳设施和文化教育设施，包括展览馆、音乐厅和游艺馆等，并巧妙地利用地形和植物配置，使公园的各分区之间和公园与周围用地之间形成空间隔离；上海市的环城体育公园以自然式景观为主，将运动融入环境，在绿地上设立生态健身区和体育场馆等活动场所，建立完善的游步道系统，使人们可以自由穿梭在绿地之间，感受优美的自然环境，实现生态健身的目的。

三、人性化原则

人性化原则是指设计者在进行城市健身环境体育元素设计时，遵循以人为本、为人设计的原则，满足不同人群的需求，并能准确地预测需求的变化，达到服务于人、亲近自然的目的。不同年龄阶层、性别、生活观念、文化层次的人的需求各有特点，而人的需求又随着时间、季节的不同而有阶段性的变化。因此，设计者应充分调研不同人群的体育活动特点、活动项目及交往需求，考虑老人、青少年、儿童、残疾人等人群的活动类型和早、中、晚不同时间段和不同季节的需求变化，在空间设计上尺度适宜、动静结合，合理安排健身环境空间布局、运动设施分布和道路流线，并配备相应的服务设施体系和清晰可辨的环境标志系统，实现人性化设计。

四、灵性化原则

灵性化原则是指生态环境与体育环境在时空上恰当的、适宜的、巧妙的有机融合。生态环境即区域内周围风景，如体育场馆内外的地面、墙壁和体育设施器材等选择的色调应与周围自然环境相协调，充分体现体育元素，创建一种积极而富有灵气的空间氛围，给活动者带来兴奋感和美感。同时，设计者要协调好体育运动项目的“动”与一些休闲游览活动的“静”的关系，做到互不干扰，使活动者在这种氛围中充分体验运动的魅力。

五、科技化原则

科技化原则是指设计者将体育设施运用现代科学技术多角度、多渠道地嵌入生态环境，使城市生态的细节科技化，体现时代特征和科技含量。例如，设计者采用互联网技术、电子信息技术、智能化技术等先进技术手段，通过自助化的服务系统和公众共享信息平台，让人们可以通过手机、电脑等智能服务终端了解各项运动的相关信息，实时掌握各类体育项目的运行动态，以及当前运动人群、场地设施、运动项目的开展等情况，更加便捷有效地制订个人运动计划。

第二节　城市健身环境设计的启示

全民健身运动在蓬勃发展的同时对全民健身工程的设计不断提出新的要求。我国的全民健身工程就是在这样的大环境下不断推陈出新，革新落后的观念，进行科学规划与设计。笔者选取我国现阶段城市全民健身工程设计的优秀案例，分析全民健身工程与城市建设融合发展的优秀经验。

一、重视历史文化与地区风貌特色保护，推行低影响开发模式

全民健身工程设计要重视历史文化与地区风貌特色保护，景观场地不应过于零散，而是力求严密，这样能增强景观的协调性，同时加强景观之间的联系，使整个景观空间氛围融洽。例如，2017 年北京市常营乡在拆除违建后就地利用风貌特色，将常营公园、常营保利园、五里桥郊野公园、蝶泉绿地、常营体育公园等几大绿地公园连片成环，在朝阳北路沿线形成

新的公园环，在合理利用地形地貌与文化特色的同时，让各体育公园优势互补，有效满足了不同居民的多样化健身需求，极大地促进了全民健身的发展。

推行低影响开发模式是新时代建设全民健身工程的重要理念。全民健身工程的设计要注重对当地生态环境的保护，将江河湖泊、山地、森林、岛屿等作为工程主体，实现绿色开发、低碳运转。北京畅春新园体育休闲广场就是按照全民健身计划的整体要求，对城市景观的布局与空间进行微调，进而形成有利于居民开展体育活动的景观序列。在这个景观序列中，以开放性的体育广场与体育公园为主要景观，在其周边辅以购物、养生等场所，增设多个配套休闲空间，使全民健身工程形成一个有机的体育景观序列。

西安浐灞国家湿地公园是在恢复湿地生物多样性的基础上，集户外运动和休闲娱乐于一体的综合性生态区，同时与体育赛事相结合，满足了居民在休闲活动中观赏专业体育赛事的需求。知名的体育赛事包括浐灞湖 F1 摩托艇世界锦标赛、环中国国际公路自行车赛、李宁 10 公里路跑联赛西安站、西安国际马拉松赛等体育赛事，打造出一种“速度与生态融合”的画面。

二、尊重自然规律，创建优良人居环境

党的十九大报告提出，人与自然是生命共同体，人类必须尊重自然、顺应自然、保护自然。全民健身工程建设的人工环境与自然环境应当做到和谐统一，规划与设计时应当以自然环境为主、人工环境为辅。各城市应当根据自身地理位置与自然气候的特点，在景观中选种、培育最佳的绿植，增强景观的绿肺功能（表 7–1）。同时，改善景观内的水文环境，注重苗木（包括水上、水下以及岸边苗木）与溪流、湖泊的搭配，构建季相景观。另外，注重苗木与城市人文环境的协调统一，建立生态优美、功能多样、文化多元的城市景观。

表 7-1 全国不同区域适合种植的苗木

地区	适合种植的苗木
湖南、江西、湖北	以亚热带苗木为主
福建、广东、广西、海南	热带树木、盆花、切花
浙江、江苏、上海	以亚热带和温带（北方）苗木为主
河南、山东、安徽、陕西	以亚热带和温带过渡的北方苗木为主
河北、东北	温带的北方苗木
云南、四川、重庆	多样性

在进行城市全民健身工程建设时，要注意苗木的成长环境。当居民在体育广场与体育公园中锻炼时，适宜的苗木与优美协调的景致会令其心旷神怡，从而提高健身效果。我国苗木的类型多样，一些仅供观赏的果实并不具备食用价值，对此，体育广场与体育公园中的苗木应当建立“身份牌与提醒牌”，标清苗木名称、类别、习性特点、原产地等。此外，体育活动具有很强的互动性，对此，在规划与设计全民健身工程时，要突出人与人、人与环境的互动，使景观迸发活力，提高居民进行体育锻炼的热情。例如，上海市人民政府针对徐家汇体育公园场馆聚集但居民参与度较低的问题，在 2017 年 4 月对公园进行了重新规划与设计，对既有建筑空间进行改造，统筹绿地与体育活动场地布局，强调景观高度开放共享，拆除健身功能弱的建筑景观，弱化超大街坊对地区步行系统的阻隔。这一改造顺利提升了全民健身工程的专业服务功能。

三、注重全民健身工程的文化价值，实现城市生态文明建设的内涵发展

当前，人民群众对良好生态文明的需求逐渐提高，在此背景下，城市全民健身工程的文化作用日益突出。全民健身工程以其特有的体育文化与

城市文明，成为城市文化交流传播的重要窗口。例如，洛阳体育公园附近的牡丹形奥运五环雕塑在传播体育精神的同时，也承载了洛阳市特有的城市体育文化，提升了居民归属感、自豪感与满足感。此外，广东增城绿道体育生态旅游资源的开发，在合理开发城市生态的同时发挥了生态的经济效应，实现了城市的内涵发展。

四、统筹区域协调发展，完善全民健身工程周边基础设施建设

城市全民健身工程周边基础设施的完善程度影响着居民的健身选择。为了更好地配合全民健身活动的开展，全民健身工程要健全周边基础设施建设，扩大服务范围。就目前来看，许多城市居民在体育广场与体育公园进行健身的同时，对测体重、血压、脉搏、运动量等设备的需求较大。天津市河东区富民体育公园充分利用互联网技术，针对全民健身工程周边的基础设施进行智能化升级，让居民通过手机扫码的形式随时检测自己的健身效果，还可以通过发微信、QQ、微博等形式报修健身器械。

第三节　城市健身环境设计的发展趋势

党的十九大报告提出，加快生态文明体制改革，建设美丽中国。实施健康中国战略。完善国民健康政策，为人民群众提供全方位全周期健康服务。同时，在党的十九大报告中，习近平总书记做出了“中国特色社会主义进入新时代，我国社会主要矛盾已经转化为人民日益增长的美好生活需要和不平衡不充分的发展之间的矛盾”的重要论断。新时代、新气象、新作为，随着健康中国与全民健身计划等国家战略的深入实施，全民健身与全民健康深度融合有了新的发展要求，城市全民健身工程的建设成为重要

着力点。新时代城市全民健身工程的设计离不开习近平总书记关于“美丽中国”、健康中国的宏观指引。“美丽中国”与健康中国战略作为习近平新时代中国特色社会主义思想的重要内容，将长期指导城市建设与全民健身计划的实施，这些思想涵盖了体育参与跨界治理的实践路径，即将体育的生态价值内植于城市全民健身工程设计，在有效解决当前城市居民体育参与和体育场地设施供需矛盾的同时，使城市建设更具特色，突出以民生为本的理念。因此，新时代生态文明建设对全民健身工程设计与建设在发展趋势上比以往有了更高的要求，主要表现在以下几个方面。

一、新时代城市全民健身工程要着力创建“人与自然的生命共同体”

生态环境决定着体育发展的项目、内容和规模，在人类的一切文化行为中，唯体育行为与绿色自然最有共息的亲缘关系。新时代城市全民健身工程的建设要充分利用城市森林、草地、水域、绿色廊道及其他能提供自然生态系统服务功能的城市资源。城市生态体育资源即能被居民体育活动所利用的一切自然资源。这些生态体育资源的创建有利于形成“人与自然的生命共同体”，促进人与环境、人与人、人与体育的和谐共存、共生、共同发展，实现城市、体育和人的可持续发展。

体育创建“人与自然的生命共同体”的途径主要有：①大型体育赛事的环境保护政策对和谐生态环境建设具有导向作用。早在 1992 年国际奥委会便把环境保护作为奥林匹克运动会的重要内容，并于 1996 年成立了专门的环境委员会。现代奥运会申办的一个先决条件就是申奥城市的环境评估，从政策上引导人们保护生态环境。②体育在生态环境建设上正反两个方面的实践为和谐生态环境建设提供了一定的实践案例。纵观现代奥运会 100 多年的发展史，其中不乏破坏生态环境的实例，如阿尔贝维尔 1992 年冬奥会为修建场馆毁掉了 30 多公顷的森林，数以千计的动物失去家园，造成了严重的生态危机。而北京2008年奥运会对“绿色奥运”的践行以及在保护生态环境方面的成就得到了外界的一致好评。③体育促进人的发展，教育人身体力行，倡导绿色环保的生活方式。现阶段，体育在现代社会中利用自然、社会生态环境健体育心来展示人类健康体格和人格。实践证明，在备战北京2008年奥运会的7年里，北京市居民的环保意识与行动力明显提高，对自身环境行为的要求显著提高。

二、新时代全民健身工程要成为城市健康“五位一体”改良的窗口

在生态和人居环境两个关系民生的健康治理工程中，体育应当全面介入，这既是中国社会发展对体育的生态要求，也是体育健康多元价值的体现。随着健康中国、和谐社会以及生态城市的构建，可持续发展的社区生态环境也正在逐步深入人心。生态社区体育理念所倡导的和谐与发展主题，已不再局限于具体的环境治理和生态保护，不再局限于人与人的竞技，而正在形成一种共同的理念，一种全新的社区体育发展思维模式，因为全人类都有一个美好的愿望，即拥有一个生态和谐、永续的生存环境。生态环境是体育运动发展的绿色屏障，生态体育不仅是未来体育发展的基本趋势，而且还是生态城市建设的重要组成部分。随着城市居民健身理念和健身项目、健身方式、健身场地、健身时间等方面的新需求，城市规划、社区建设也必然与时俱进地在满足大众的健身需求变化方面做好跟进工作，因而促进城市生态建设应成为当前政府部门关注和人力、物力、财力投入的重点领域之一。城市生态建设若能与体育资源配置相结合，不仅能有效解决城市居民体育健身参与热情与体育场地设施不足的问题，也可以促进城市体育生态化发展，突出以人为本的理念。

三、全民健身工程的设计要满足居民多元化需求，创建全方位、全领域的健康环境

新时代城市全民健身工程建设是丰富居民健身设施与场地供给、发展城市体育健身产业、提高城市人口生活质量的重要举措。随着生活条件的改善，居民需求呈现了多元化发展趋势，人们对保健、休闲娱乐、社交、时尚运动、自我实现的需求不断高涨。华南师范大学体育科学学院教授卢元镇表示，中国已经进入了一个崭新的时代，全民健身也步入了黄金时代。城乡居民参与全民健身的热情空前、持续高涨，全民健身体现了以人为本的精神，民众健身的内容倾向于文化内涵较为丰富的活动，体育人口的数量和质量正在逐步提高。居民的健身需求在悄然发生变化，城乡居民对绿色健身运动的需求日益增多。生态城市与社区建设为社区生态体育资源的开发和建设奠定了物质基础，居民健身需求的多元化和发展性对城市生态体育资源的开发和建设提出了新的要求，也为开发生态体育资源提供了良好的市场潜力。那么，城市与社区环境资源的开发和改善就应该主动迎合居民绿色健身和社区体育生态化这些需求。

城市全民健身工程建设要充分考虑人们日常运动锻炼的实际需求与城市自然资源的利用，应合理利用区域范围内现有的自然景观，如绿地、湖泊、休闲广场、绿化道路等，从贴近居民生活的非专业性的体育休闲场所和适合大众各类健康运动空间的角度考虑，融合居民喜爱的健身、游玩、文化等活动，始终在空间环境的创造中将居民关注生命、享受生活的需求放在首要位置，力求体现生态化和人性化。小到居住区等内部的健康运动休闲空间，大到城市范围内的大型体育运动场馆，其主要目的都在于为居民创建全方位、全领域的健康环境。

参考文献

[1] 马克思，恩格斯. 马克思恩格斯选集：第 1 卷[M]. 北京：人民出版社，2012.

[2] 王景连，赵崇珍. 绿色体育：东西方体育精神的结合点[J]. 成都体育学院学报，1997（1）：14–19.

[3] 张涛. 新时代生态文明建设若干创新论断的哲学解读[J]. 大连理工大学学报（社会科学版），2018，39（6）：1–8.

[4] 万炳军，曾肖肖，史岩，等. “健康中国”视域下青少年体育使命及其研究维度的诠释[J]. 体育科学，2017，37（10）：3–12.

[5] 郭田. 新世纪中国共产党生态文明建设思想研究[D]. 武汉：华中师范大学，2015.

[6] 黄义军，任保国. 我国城市体育场馆服务全民健身存在问题及发展策略研究[J]. 西安体育学院学报，2015，（5）：539–547，590.

[7] 万楠，楼美珍. 论体育发展与环境保护的关系[J]. 浙江体育科学，2007，29（1）：31–33.

[8] 罗艳蕊，董翠香. 环境保护与体育运动的可持续发展[J]. 北京体育大学学报，2005，28（5）：584–586.

[9] 于萌. 我国大型体育赛事与城市生态环境问题探析[J]. 辽宁师范大学学报（自然科学版），2013，36（4）：580–585.

[10] 赵敏. 体育在现代社会生活中维护人类健康的作用[J]. 体育学刊，2002，9（4）：36–37.

[11] 刘敬奇，张宝森，王红旗，等."绿色奥运"对提高北京公众环境意识的影响研究：世界城市环境教育机制与途径的思考[J]. 中国人口·资源与环境，2011，21（3）：71–74.

[12] 万炳军，史岩，曾肖肖."健康中国"视域下体育的价值定位、历史使命及其实现路径：基于习近平治国理政的思想与战略[J]. 北京体育大学学报，2017，40（11）：1–9.

[13] 吴能威，吴晴晴. 学区体育：社区体育发展的一种新模式[J]. 山东体育学院学报，2002，18（2）：30–32.

[14] 王北方. 城市社区体育资源配置对社区体育影响研究：以济南市为例[D]. 北京：首都体育学院，2012.

[15] 陈刚. 广泛开展全民健身运动，加快推进体育强国建设：以十九大精神为指引开创江苏体育发展新局面[J]. 体育与科学，2018，39（1）：1–6.

[16] 隋彬. 大连市居民社区体育活动现状研究[D].大连：辽宁师范大学，2010.

[17] 赵红伟. 高校在读学生心理健康与体育锻炼的调查研究[D]. 呼和浩特：内蒙古师范大学，2007.

[18] 李骁天，向祖兵，郭世豪，等. 基于分位数回归的城市居民体育消费研究：以北京市第 3 次群众体育调查数据为例[J]. 上海体育学院学报，2017：41（3）：54–63.

[19] 李骁天，向祖兵，郭世豪，等. 北京市居民体力活动时间现状研究：基于北京市第 3 次群众体育现状调查的数据[J]. 天津体育学院学报，2016，31（4）：322–327，339.

[20] 王凯珍，李骁天，邢晓燕. 北京市居民体育活动参与和服务需求现状[J]. 首都体育学院学报，2016，28（4）：292–298.

[21] 张道华. 新城市主义及其对当代中国居住社区设计的影响[D]. 武汉：华中科技大学，2007.

[22] 李相如. 城市社区建设、社区体育与全民健身工程[J]. 体育文化导刊，2004（10）：8–10.

[23] 林柔伟，谢冬兴. 绿道体育与城市生态环境耦合及其路径[J]. 体育学刊，2017，24（5）：63–68.

[24] 张思聪. 新建大中型全民健身中心建筑设计研究[D]. 大连：大连理工大学，2012.

[25] 刘景堂. 基于 SWOT 分析的山东省城市景观体育市场开发策略[J]. 山东体育学院学报，2011，27（10）：15–19.

[26] 杨百会，CFP. 体育的多元跨界发展[J]. 企业观察家，2015（5）：57–59.

[27] 唐凤成. 以“大体育观”促进体育教育事业的大发展[J]. 湖北广播电视大学学报，2013，33（7）：146–147.

[28] 郑毅. 生态城市空间结构研究：以苏州为例[D]. 兰州：兰州大学，2016.

[29] 贺慨.“互联网+体育”产业的兴起与发展策略[J]. 体育文化导刊，2016（5）：130–133.

[30] 颜玉璞. 现代体育公园规划设计初探[D]. 北京：北京林业大学，2008.

[31] 褚文婷. 当代体育型景观设计的分析与思考[J]. 农业科技与信息（现代园林），2010（12）：27–29.

[32] 冯银红. 论体育休闲公园[J]. 中国市场，2008（39）：132–133.

[33] 蔡沁亮. 社区运动休闲景观研究[D]. 南京：南京林业大学，2009.

[34] 孙福林，何昉，徐艳，等. 我国体育公园建设发展的思考与建议[J]. 广东园林，2010，32（4）：12–15.

[35] 商昭诚. 体育公园景观规划设计探析：以南京青奥体育公园为例[D]. 南京：南京农业大学，2013.

[36] 刘小英，滕健，孙聚荣，等. 浅析南宁李宁体育公园植物造景[J]. 农业研究与应用，2015（3）：77–81.

[37] 张英杰. 我国体育公园规划初探[D]. 武汉：华中农业大学，2008.

[38] 叶建华，邓逢明. 论城市生态体育公园的开发与建设[J]. 安徽体育科

技，2005，26（2）：9–11.

[39] 赵剑锋，高滕. 体育公园生态规划设计方法研究[J]. 苏州科技学院学报（工程技术版），2012，25（2）：63–66.

[40] 蔡海飞. 景观体育：城市的活名片[J]. 甘肃农业，2005（12）：161.

[41] 郭琴. 景观与体育融合的社会学思考[J]. 成都体育学院学报，2006，32（4）：20–22.

[42] 刘芳，陈锡尧. 我国城市景观体育赛事开展现状的初步探讨：以上海城市景观体育为视角[J]. 体育科研，2006，27（4）：47–50.

[43] 陈瑜文. 对我国景观体育发展初探[J]. 吉林体育学院学报，2007，23（4）：20–21.

[44] 刘芳. 当前我国城市景观体育赛事开展现状的初步探讨：首届中国体育产业学术会议文集[C]. 上海：上海财经大学，2005.

[45] 卢凯，施芳芳. 景观体育的营销组合策略研究[J]. 浙江体育科学，2004，26（6）：20–23.

[46] 梁丽凤，罗远标. 景观体育研究[J]. 福建体育科技，2012，31（2）：10–11，14.

[47] 彭立勋，乌兰察夫. 文化强市建设与城市转型：2011 年深圳文化蓝皮书[M]. 北京：中国社会科学出版社，2011.

[48] 王德义，陈向阳. 论文化建设：重要论述摘编学习读本[M]. 北京：人民日报出版社，2012.

[49] 梁伟，梁柱平. 我国城市景观体育的发展误区及对策[J]. 体育科技，2011，32（2）：1–4，14.

[50] 周细琴，李建国. 城市景观体育融入中国 2010 上海世博会的对策研究[J]. 体育科研，2007，28（1）：29–31.

[51] 谢经良，刘景堂. 城市景观体育对城市软实力的提升及发展路径选择[J]. 中国市场，2011（48）：109–110，124.

[52] 李拥军，沈婷. 体育文化与地域文化的融合：第 16 届亚运会亚运城运

动员村视觉形象景观规划与设计[J]. 装饰，2011（3）：122−124.

[53] 董青，洪艳，崔冬冬. 符号、涵化与景观：批判视野下的消费主义与体育文化奇观[J]. 武汉体育学院学报，2010，44（10）：20−23.

[54] 赵宇. 景观体育与社会经济发展的研究[D]. 长春：吉林大学，2010.

[55] 赵松，白春燕. 景观体育：自然性与文化性的完美统一[J]. 搏击（体育论坛），2010，2（1）：25−26.

[56] 杜小伟，马剑桥. 环太湖体育圈内苏州市景观体育布局的研究[J]. 搏击（武术科学），2010，7（6）：87−88，91.

[57] 汤佳，黄辉. 现代体育公园景观设计：特征、原则与方法[J]. 南方园艺，2016，27（5）：46−49.

[58] 杨明. 城市景区内中老年健身特征的研究[J]. 北京体育大学学报，2009，32（2）：54−56.

[59] 徐洁华. 休闲视角下的城市居住社区景观设计初探[J]. 特区经济，2007（10）：181−182.

[60] 钱文军. 社区居民休闲生活方式的变化对体育服务的需求[J]. 南阳师范学院学报，2006，5（3）：102−105.

[61] 岳公霞. 休闲住区环境景观设计原则探讨[J]. 现代园林，2006（7）：38−39.

[62] 彭建，王仰麟，景娟，等. 城市景观功能的区域协调规划：以深圳市为例[J]. 生态学报，2005，25（7）：1714−1719.

[63] 王鸿举. 城市要让人与自然和谐共生[N]. 人民日报，2005−10−14（13）.

[64] 张欢，董宝林，姚秀华，等. 基于空间视角的新城景观体育资源开发研究：以上海临港新城为例[J]. 武汉体育学院学报，2013，47（1）：44−48.

[65] 周细琴，李建国，王健. 城市新形态：景观体育[J]. 体育文化导刊，2006（4）：14−16.

[66] 徐佶. 新的体育视角：休闲体育：兼论休闲体育与群众体育、大众体

育、社会体育的关系[J]. 广州体育学院学报，2006，26（3）：21–24.
[67] 刘德明. 我国城市体育发展及其与主要社会因素间的相关分析[J]. 南京体育学院学报（社会科学版），2009，23（2）：95–98.
[68] 王铃枝. 从时尚的视角论休闲体育在城市体育中的作用[J]. 河北体育学院学报. 2009，23（1）：40–42.
[69] 熊欢. 城市化与市民体育的兴起：美中城市体育发展之比较[J]. 体育科学，2008，28（1）：13–21.
[70] 包莺. 大连景观体育旅游发展中存在的问题分析[J]. 辽宁师范大学学报（自然科学版），2009，32（2）：261–262.
[71] 刘彦平. 城市营销战略[M]. 北京：中国人民大学出版社，2005.
[72] 郭国庆，钱明辉，李光明. 关于开展城市品牌管理的战略思考[J]. 国家行政学院学报，2009（3）：60–63.
[73] 徐国娟. 景观体育：创造城市特色的有效途径[J]. 考试周刊，2010（38）：129–131.
[74] 薛龙，温国强. 西安市全民健身场所健身群体现状调查[J]. 南阳师范学院学报，2005，4（3）：95–98.
[75] 苏小，金彦平. 国外城镇化发展经验与中国新型城镇化建设[J]. 世界农业，2013（10）：36–38.
[76] 张怡姮. 风起云涌的国外新型城镇化模式[J]. 金融博览（财富），2014（4）：59–61.
[77] 张金霞. 武汉东湖文化旅游产品创新研究[J]. 华中师范大学学报（自然科学版），2008，42（1）：150–154.
[78] 王凯. 国外城市规划经验与中国新型城镇化之路[J]. 知识经济，2013（11）：60.
[79] 杨仪青. 新型城镇化发展的国外经验和模式及中国的路径选择[J]. 农业现代化研究，2013，34（4）：385–389.
[80] 杨佑乔，范义荣. 城镇老年社区景观功能需求与建设要点的初步探析

[J]. 农业科技与信息（现代园林），2011（1）：17–19.
[81] 程刚，王淑贞. 论景观体育在全民健身中的作用[J]. 体育科技文献通报，2008（8）：100–101.
[82] 刘德新，李少龙，任保国.《全民健身计划》实施目标下构建公共体育服务保障体系的研究[J]. 北京体育大学学报，2013，36（3）：23–28.
[83] 肖笃宁. "景观"一词的翻译与解释[J]. 科技术语研究，2004（2）：31.
[84] 曹可强. 体育产业概论[M]. 上海：复旦大学出版社，2004.
[85] 肖春飞，叶国标. 上海从"景观体育"到"产业体育"[N]. 经济参考报，2004–10–18（2）.
[86] 印加安. 武汉东湖休闲旅游文化建设对策分析[J]. 旅游纵览，2015（4）：128–129.
[87] 陈锡尧，刘芳. 上海市城市景观体育赛事运作的初步探析[J]. 体育科研，2006，27（5）：22–24.
[88] 杨公朴，夏大慰. 产业经济学教程[M]. 上海：上海财经大学出版社，2002.
[89] 严华. 对城市景观的再认识[J]. 城市问题，2001（2）：15–17.
[90] 刘名俭，刘鸣鸣. 城市景观体育对旅游的影响[J]. 体育文化导刊，2008（7）：29–30.
[91] 郑笑容. 我国城市化进程中社区体育发展问题探讨[J]. 浙江体育科学，2004，26（4）：71–72，102.
[92] 姚颂平. 关于上海举办国际体育大赛的战略研究[J]. 上海体育学院学报，2004，28（5）：1–5，13.
[93] 上海市体育局. 上海全面健身发展报告[M]. 上海：上海三联书店，2005.
[94] 张美江，熊文，李厚芝. 景观体育之解读：以上海市的实践与探索为例[J]. 山东体育学院学报，2006，22（5）：4–5.
[95] 秦文光，经飞跃. 当前景观体育概念特点及其再构建的重要意义[J]. 体育世界·学术，2007（8）：6–8.

[96] 范明志，欧超. 对我国景观体育的初步研究[J]. 体育世界·学术，2008（4）：97–99.

[97] 肖进勇，游海燕. 体育生态论[M]. 成都：四川科学技术出版社，2008.

[98] 谢雪峰，曹秀玲. 我国体育生态研究现状与思考[J]. 上海体育学院学报，2006，30（1）：1–5.

[99] 郑晓祥. 生态体育的内涵与特点[J]. 成都体育学院学报，2005，31（2）：43–46.

[100] 陈威，李娟文. 武汉东湖风景名胜区可持续发展障碍与对策研究[J]. 环境科学与技术，2005，28（6）：56–58.

[101] 房斌，孙永泰. 生态学理论视野中区域体育规划的研究[J]. 体育世界·学术，2008（6）：10–12.